Grundlagen der Medienkommunikation   Band 9

Herausgegeben von Erich Straßner

Hans-Dieter Kübler

Mediale Kommunikation

Niemeyer

Der/die Copyright-Inhaber/in der Titelillustration konnte trotz intensiver Nachforschung nicht ermittelt werden. Die Vorlage der Abbildung stammt aus einem kleinen Beiheft (special service) des Spiegel-special-Heftes 1998 zu dem Thema »30 Berufe mit Zukunft«. Die Verwendung erfolgt mit freundlicher Genehmigung der Spiegel-special-Redaktion.

Die Deutsche Bibliothek – CIP-Einheitsaufnahme

Hans-Dieter Kübler:
Mediale Kommunikation. – Tübingen: Niemeyer, 2000
   (Grundlagen der Medienkommunikation ; 9)

ISBN 3-484-37109-9   ISSN 1434-0461

Satz: Anne Schweinlin, Tübingen
Druck: Gulde Druck GmbH, Tübingen
Einband: Nädele Verlags- und Industriebuchbinderei, Nehren

Inhalt

VI

1.   Begriffe und Modelle

1.1.   Vor der digitalen Revolution

Industriegesellschaften wie die unsrige – so wird in zahlreichen Diagnosen betont – befinden sich in einem gravierenden Umbruch, wandeln sich in „Medien"-, „Informations-" und/oder „Wissensgesellschaften". Ob diese Entwicklung im Sinne eines historischen Evolutionsmodells einen prinzipiellen Fortschritt darstellt oder ob es sich um eine unkalkulierbare Transformation handelt, ist dabei offen. Hervorgerufen wird dieser Wandel durch die immensen Potentiale der Informations- und Kommunikationstechnologien, die zu mächtigen Schlüsselindustrien avancieren. Sie verändern nicht nur Information, Kommunikation und Verkehr von Grund auf, sondern werden selbst zum potenten Faktor für Produktion und Wertschöpfung. Von den hochentwickelten Industrienationen aus werden diese Prozesse weltweit organisiert und betrieben, eben globalisiert, so daß sich die Visionen des kanadischen Medienphilosophen Marshall McLuhan (1911–1980), die Menschen lebten künftig in einem „globalen Dorf", zumindest technisch einlösen. Daß sich diese Gemeinschaft in ihrer sozialen Konstellation und in ihrem Handeln angesichts drückender, sich ständig verschärfender Ungleichheiten, angesichts offenbar unabwendbarer Krisen und Konflikte, angesichts aggressiver werdender Fundamentalismen und sogar militanten Widerstands gegen die hegemoniale „weiße" Lebensweise kaum verwirklichen dürfte und die relevanten Zonen eher heterogenen, anonymen und labilen „cities" gleichen, scheint dem Ideal des digitalen Dorfes keinen Abbruch zu tun.

Zentraler technischer Antrieb dieses Wandels ist die Digitalisierung, d. h. die rasche und letztlich totale Umwandlung aller Informations- und Kommunikationsprozesse in computertaugliche Codes. Die bislang noch getrennten, aber über den digitalen Modus sich angleichenden Techniken der Mikroelektronik, der Telekommunikation, der Netzwerke und des Rundfunks konvergieren zu „Multimedia", ohne daß alle deren künftigen materiellen und medialen Optionen schon erkennbar sind. Möglich wird jedenfalls die Aufhebung der Einseitigkeit, wie sie für die etablierte Massenkommunikation vom Sender zum Empfänger charakteristisch ist; möglich wird also Interaktivität, die wie bei der personalen Kommunikation jeden Teilnehmer technisch gleichberechtigt kommunizieren läßt. Möglich wird auch die vielfältige Kombination aller denkbaren Zeichensysteme, also von Schriften, Grafiken, Tönen, statischen und bewegten Bildern, und deren je individuelle Komposition in Hybridmedien, so daß professionell produzierte Programme nur noch abrufbare Optionen darstellen, die auch jeweils verändert werden können.

Dadurch verändern sich ebenso überkommene Besitz- und Produktionsstrukturen in der Medienbranche: Ältere Produktionsformen wie traditionelle Buchverlage und -handlungen mögen an Umsatz und kulturellem Gewicht verlieren, da Gedrucktes verdrängt und schriftliche Informationen über elektronische Netze kommuniziert werden. Auch der professionelle Journalismus wandelt sich, löst sich zumindest in vielerlei Facetten auf, so daß angestammte Ressorts und Redaktionen erodieren. Hingegen boomen derzeit Konzeption und Produktion elektronischer Software, und zwar sowohl noch als feste Programme wie auch als in den Netzen flottierende Anwendungs- und Navigationssoftware. Auch sämtliche Formen informatorischer Dienstleistung bis hin zu public relations und Werbung verzeichnen horrende Wachstumsraten. Schließlich nehmen Optionen zu, ganze Wirklichkeitsbereiche multimedial zu simulieren bzw. zu virtualisieren, so daß sie nicht mehr unmittelbar erfahren werden müssen und elektronische Modelle von ihnen vielfach faszinierender, womöglich sogar authentischer erscheinen als die realen Vorlagen. In unzähligen Computerspielen werden diese virtuellen Welten paradigmatisch präsentiert, aber auch in der Industrie, im Design, der Architektur, dem Städtebau, in der Kosmetik und der Medizin werden sie zunehmend eingesetzt.

Viele Aufgaben und Tätigkeiten werden immer weniger direkt, materiell und zwischen Menschen erledigt, sondern mediatisiert durch technische Lösungen und medialisiert durch elektronische Repräsentationen. Unter den obwaltenden ökonomischen Konstellationen werden damit sowohl diese Tätigkeiten rationalisiert, beschleunigt und intensiviert, als auch neue Produkte erzeugt und neue Märkte erschlossen werden. Die Programme dafür werden zugleich universell wie individuell, sie sind jeweils flexibel zu modellieren und zu handhaben. Daß bei solch einschneidendem Wandel die kuranten Begriffe nicht mehr allgemein und überzeugend auf Dauer festgeschrieben werden können bzw. jeweils neue erprobt oder ältere mit neuen Inhalten ventiliert werden, versteht sich. Schon ein Reflex darauf ist, daß sich nicht mehr unbeirrt von „Massenkommunikation" sprechen läßt, sondern inzwischen breitere und weniger belastetere Begriffe wie „Medienkommunikation" oder „mediale Kommunikation" vorgezogen werden.

1.2.   Kurzer Abriß der Mediengeschichte

Bei soviel Zukunftsgewandtheit und auch -unsicherheit ist es ratsam, sich knapp einiger mediengeschichtlicher Marksteine zu versichern. Rückblickend werden mindestens drei große Phasen der Mediengeschichte angesetzt, die insgesamt die immense Beschleunigung, Verdichtung und Vervielfältigung der Medienentwicklung erkennen lassen:

Mit der Erfindung des Buchdrucks in der Mitte des 15. Jahrhunderts beginnt
die *erste* Phase der Mediengeschichte (sofern der Mediengriff eine technische
Komponente berücksichtigt) (siehe dazu Kap. 1.3.). Gutenbergs Innovation
bewirkt die Mechanisierung der Schriftproduktion (Herstellung von wieder
verwendbaren Lettern, Druckerschwärze, Setzerei), setzt die Produktion neuen
Trägermaterials, des Papiers, voraus, beschleunigt die mechanische Vervielfältigung und läßt erste professionelle Medienproduzenten (Drucker, Setzer, Binder,
Verleger) entstehen, wie sie auch die Herausbildung spezieller, allmählich geschätzter Wortproduzenten (Autor, Journalist) begünstigt. Außerdem etablieren
sich vielfältige Distributionswege (Messen, Buchverkauf, Kolporteure) und
textliche Diversifizierungsformen der zunächst aufwendig herzustellenden Druckmedien (Buch und seine Gattungen, Flugblatt, Zeitung, Zeitschrift etc.). Deren
Verbreitung und Rezeption befördern Qualifizierungen und Identitätsbildungen
des Publikums (Aufklärung, Bildung, Lesen), wie sie spezielle Gesellungsformen
(Lesegesellschaften, Salons) anregen.

Mitte des 19. Jahrhunderts läßt sich die *zweite* Phase der Medienentwicklung
markieren; es beginnt die Phase der Massenmedien: zunächst mit der Rationalisierung der Produktion von Druckmedien durch Schnell- (seit 1811) und Rotationspresse (seit 1848) und der automatischen Zeilensetzmaschine Ottmar Mergenthalers (der Linotype, seit 1883). Es folgen ‚neue Medien‘, die weitere Kommunikationsformen ermöglichen und die vorhandenden diversifizieren: Die
Fotografie erlaubt seit Ende der 1830er Jahre die Reproduktion von Wirklichkeit
in Bildern, bald nach Beginn des 20. Jahrhunderts lassen sie sich auch massenhaft
drucken, es entsteht der Fotojournalismus („Illustrierte“). Die Telegrafie beschleunigt und verdichtet seit Mitte des 19. Jahrhunderts die Nachrichtenübermittlung und erzeugt die Vorstellung wie den Anspruch von Aktualität. Ein Markt für
Nachrichten (Agenturen) entsteht. Insgesamt werden in den ersten beiden Phasen
der Mediengeschichte Informationen analog codiert, d. h. sie werden für den
Transport und/oder für die Präsentation von einem materiellen Zustand in einen
anderen verwandelt.

Ende des 19. Jahrhunderts werden die fotografischen Bilder beweglich, der
Film entsteht und bewirkt als bald attraktives, unterhaltsames Massenmedium
eine spezielle Industrie. Für es wie für die Massenpresse formieren sich die ersten
Medienkonzerne (z. B. Ullstein, Hugenberg), die Märkte und Köpfe zu beherrschen trachten. Die Telegrafie wird drahtlos und bringt Mitte der 20er Jahre das
erste elektromagnetische Programmmedium, den Hörfunk, hervor. Seit den 1870er
Jahren lassen sich Laute und Geräusche elektrisch über Leitungen transportieren,
das Telefon wird das erste sich schnell verbreitende technische Transportmittel
für direkte, personale Kommunikation – wobei sich seine spezielle Nutzung erst
allmählich herausschälte.

Neben den technischen Innovationen wird der private Konsum immer wichtiger. Endgeräte kommen in die Haushalte, sie dienen der Verbreitung (Emission), Speicherung wie der individuellen Gestaltung medialer Botschaften. Die Medien bzw. ihre privaten Endpunkte veralltäglichen sich, während sich die Produktion der Geräte mehr und mehr industrialisiert und entsprechend Investitionskapital benötigt: Nach Edisons Walzenphonographen (1877) und der Schellackplatte (1897) entwickelt sich in den ersten Jahrzehnten des 20. Jahrhunderts die Tonaufzeichnung auf Schallplatte zum ersten populären Musikmarkt, der allerdings erst mit der Langspielplatte (1947) zur ansprechenden Qualität und erforderlichen Kapazität gelangt. Ebenfalls in den letzten Dekaden des 19. Jahrhunderts werden die ersten Fotokameras zur Marktreife entwickelt: 1888 die Kodak-Boxkamera, 1895 die Pocket Kodak Camera, sie geht als erste in Massenserie. Es folgen die 8-mm-Filmkamera (ca. 1926), das Tonbandgerät (ca. 1935), der Tonkassettenrecorder (ca. 1963). Sie haben mit CD-Recorder (seit 1981) und DAT (seit 1986) ihre digitale Weiterentwicklung erfahren.

Davor noch verbreitet sich seit den frühen 50er Jahren das Fernsehen. Seit 1967 wird es farbig, und seit Mitte der 80er Jahre läßt es nicht mehr nur über terrestrische Frequenzen, sondern auch über Kabel und Satellit verbreiten. Dadurch erhöht und internationalisiert sich sein Kanalangebot erheblich. In Deutschland wird es zudem privatisiert, so daß die nach 1945 von den Alliierten Siegermächten eingeführte Struktur des öffentlich-rechtlichen Rundfunks zum „dualen System" transformiert. In dieser neuen Struktur konkurriert der öffentlich-rechtliche Rundfunk, der nach Verfassungsurteilen für die „Grundversorgung" verantwortlich ist und sich vornehmlich aus Gebühren aller Rundfunkteilnehmer finanziert, mit privatkommerziellen Anbietern, die einen weniger anspruchsvollen und umfassenden Programmauftrag zu erfüllen haben und sich ausschließlich aus Werbeeinnahmen finanzieren. Bald dürfte auch für das Fernsehen die digitale Übertragung (die seit 1996 technisch möglich ist) eingeführt sein. Seine private Reproduktion bewerkstelligen Videotape bzw. Videokassette, Videorecorder (seit ca. 1967) und Videokamera (seit ca. 1978), die ebenfalls vor ihrer digitalen Transformation (als Digital Versatile Disc [DVD]) stehen.

Die *dritte* Phase der Mediengeschichte läßt sich etwa ab 1940 ansetzen: Aus dem jahrhundertealten Drang der Menschen, mechanisch rechnen, Daten und Zahlen speichern zu können, entwickeln Pioniergeister wie Alan M. Turing (ab 1936) und Konrad Zuse (ab 1937) die ersten Universalrechner bzw. Relaiscomputer. 1945 wird mit ENIAC der ersten Röhrencomputer gebaut, Mitte der 50er Jahre entstehen integrierte Schaltkreise in Halbleitertechnik, ab Ende der 60er Jahren Mikroprozessoren. Mit den 70er Jahren beginnt die Revolution des Personal Computers durch Mircosoft (ab 1975) und Apple (1976), in den 80er Jahren werden die Kapazitäten bis hin zum 486er PC enorm gesteigert. Mit ISDN (ab 1985) wird erstmals ein leistungsfähiges Leitungsnetz installiert. In den 90er Jahre lösen Pentium-Prozessoren die hergebrachtem Chip-Rechner ab, und mit dem Internet steht nun einem ständig wachsenden Publikum ein weltweiter Daten Highway zur Verfügung. Netzcomputer künden vom Ende des solitären PC mit Festplatte und Disketten.

Charakterisiert man Gutenbergs Erfindung und die daraus folgenden Veränderungen für Schrift, Kommunikation und Kultur als erste Kommunikationsrevolution, so scheint nun die zweite – die digitale – voll im Gang: Vom gigantischen Zentralcomputer führt die Entwicklung durch ständig steigenden Kapazitätszuwachs, gleichzeitige Verkleinerung der Hardware, enorme Komplexitätssteigerung der Software, durch Preis- und Kostenreduzierung zunächst zum isolierten PC, dann zu den digitalen Netzen und endlich zur möglichst vollständigen, automatisierten („intelligenten") Integration aller Informations- und Kommunikationsaufgaben durch Multimedia. Nach wie vor existieren freilich die Medien aller drei Phasen nebeneinander und werden genutzt. Mit jedem neuen technischen Schub haben sich funktionale Differenzierungen, veränderte Formen und Inhalte sowie gewandelte Nutzungsweisen ergeben, aber keines der substantiellen Medien ist gänzlich verschwunden. Deshalb scheint für den Medienwandel nach wie vor die von Wolfgang Riepl (1913) früh formulierte Erkenntnis zu gelten, wonach ein neues Medium ein altes nicht gänzlich verdrängt, sondern sich jeweils neue komplementäre Funktionen und Nutzungsweisen ergeben (Kiefer 1989). Allerdings wurden manche ihrer technischen Träger, die zeitbedingt waren, von leistungsfähigeren und billigeren abgelöst: Tonwalze, Schellack- und Venylplatte, Tonband, Videoband, Lochkarte und Lochstreifen gibt es nicht mehr, auch Mikrofilm, Mikrofiche oder 5,25-Zoll-Disketten sind fast verschwunden. Der Film als Kunststoff- und Zelluoidstreifen in Kamera und Projektor ist von der digitalen Aufzeichnung bedroht, ebenso dürfte es bald der Videokassette ergehen (Hiebel 1997; Faßler/Halbach 1998; Hiebel u.a. 1998).

1.3. Diverse Medienbegriffe

Unterschiedliche Sichtweisen auf Geschichte und gegenwärtige Entwicklungen der Medien ergeben sich nicht zuletzt deshalb, weil die meisten Begriffe sich wandeln oder vieldeutig gehandhabt werden. Allein für den zentralen Terminus des Mediums lassen sich folgende Varianten unterscheiden:

1.3.1. Ein universaler Medienbegriff

In seinem heutigen Verständnis ist der Medienbegriff noch recht jung. Bis in die 50er Jahre des 20. Jahrhunderts hinein verzeichnen die Lexika nicht den Medienbegriff im heutigen Sinne von Kommunikationsmedien. Vielmehr verstand man unter Medien eher die Urelemente Wasser, Feuer, Erde und Luft, Transzendenz oder einfach Mitte und Vermittlung (Hörisch 1998, 28). Auch heute, zumal mit

der Verbreitung von Esoterik und psychologischer Selbsterkundung, ist dieser
Medienbegriff noch virulent. Er definiert alles als medial, was in irgendeiner
Weise vermittelt ist oder sich selbst vermittelt. Insbesondere alle transzendentalen
Phänomene (oder die Wege dahin) werden als Medien bezeichnet.

Als „extensions of man", also als Erweiterungen des menschlichen Körpers,
kennzeichnet etwa McLuhan die Medien in seinem zweiten Bestseller *Understanding Media* (1964). Alles, was die menschlichen Kräfte und Sinne technisch
erweitert und verstärkt, sind „Medien": Straßen, Kleidung, Geld, Uhren, Buchdruck, das Rad, das Auto, das gesprochene Wort wie die Medien im engeren
Sinne, also Buchdruck, Fotografie, Radio, Fernsehen oder Computer. Und je nach
ihrer Beanspruchung oder Ergänzung von Wahrnehmung und Sinne werden sie
als „heiße" oder „kalte" Medien typisiert (Baltes u. a. 1997): „Heiß" sind diejenigen, die ihren Nutzern so viel bieten, daß diese von sich aus wenig hinzutun und
-denken müssen; als „kalt" gelten hingegen die Medien, die den Rezipienten viele
Ergänzungen und Vervollständigungen abverlangen. Diese Unterscheidung ist
weder trennscharf noch valide, und auf das damals noch neue Medium Fernsehen,
das McLuhan sehr schätzte, paßt sie überhaupt nicht. Dennoch erleben McLuhans
Thesen derzeit eine erstaunliche Renaissance und stimulieren weitere Entwürfe
(vgl. Kloock/Spahr 1997; Ludes 1998, 77).

1.3.2.   Ein elementarer Medienbegriff

Wird der Medienbegriff auf symbolisch-kommunikative Interaktionen konzentriert, läßt er sich als elementar kennzeichnen. Zum einen wurzelt er in der
Theorie der Zeichen (Semiotik), also in der grundlegenden Definition des Zei-
chens als einer willkürlichen, nur konventionell festgelegten Relation zwischen
Bezeichnendem und Bezeichnetem und seiner Verwendung (Pragmatik). Zum
anderen rekurriert dieser Begriff auf die generelle Sprach- und Kommunikations-
fähigkeit des Menschen, wodurch er sich als Lebewesen von allen anderen
unterscheidet, also auf die Sprach- und Kommunikationskompetenz, wie sie
Wilhelm von Humboldt (1767–1835), nach ihm Noam Chomsky und Jürgen Habermas theoretisch begründet haben. Danach sind alle Entäußerungen oder
Manifestationen von Geistigem medial, weil sie mittels eines Zeichensystems
artikuliert und damit materialisiert werden. Das essentiellste Zeichensystem des
Menschen ist die Sprache, aber auch Gestik, Mimik, Laute, Töne und Bilder
gelten – ungeachtet ihrer technischen Formierungen – als Medien. Solche Sichtweisen werden heute wieder betont, wenn darüber geforscht wird, ob und wie
menschliche Fähigkeiten der Kognition und Artikulation von Computern imitiert
werden können, wie sie in den Konzepten der Künstlichen Intelligenz angestrebt
werden.

1.3.3. Ein technischer (oder technologischer) Medienbegriff

Der technische Medienbegriff nimmt seinen Ausgang bei Gutenbergs Drucker-
presse und sieht vorrangig den material-technischen Zeichenträger bzw. Multipli-
kator als Medium: das Papier und die Drucklettern, den Zelluloidstreifen und den
Projektor für den Film, die elektromagnetischen Wellen, später das Breitbandka-
bel und die Satellitenschüssel für Hörfunk und Fernsehen, natürlich auch die
entsprechenden Empfangsgeräte sowie die Speicher- und Verteiltechniken.

Als Zweck-Mittel-Relationen verstand H. Pross (1972) seine Einteilung der
inzwischen klassischen Medien, die kürzlich noch als „in mancher Hinsicht [als]
sehr hilfreich" bezeichnet wurde (Faßler/Halbach 1998, 30). Danach sind „primäre Medien" wie (mündliche) Sprache, Mimik, Gestik etc. Mittel des „menschlichen Elementarkontaktes", sie ermöglichen Kommunikation ohne jegliche technische Unterstützung und finden im unmittelbaren Sozialbereich statt. „Sekundäre
Medien" sind solche, die für ihre Produktion, nicht aber für ihre Rezeption
technischer Geräte bedürfen. Da sie dadurch materiell kodiert sind, bedarf es zu
ihrer Dechiffrierung Kenntnisse von Zeichen und Codes, sie müssen gewissermaßen „gelesen" werden. Dazu zählen alle schriftlichen und bildlichen Darstellungen, aber auch präliterale Zeichensysteme wie Grenzsteine, Flaggensignale,
Rauchzeichen. Schließlich sind „tertiäre Medien" solche, die sowohl bei ihrer
Erstellung wie bei ihrem Empfang technische Unterstützung, sogar Transformation brauchen. Sie sind „Mittel des Symbolverkehrs", und Pross faßte darunter
unterschiedslos die Telegrafie als erstes elektrisches Transportmittel, die klassischen Massenmedien sowie die neuen elektronischen Medien.

Im Laufe der jüngsten Mediengeschichte steigen nicht nur die Kosten für ein
Medium, es erhöhen sich auch die Grade des „Verwobenseins in das Netz der in-
dustriellen Beziehungen, die zur Herstellung, zum Absatz und zur Instandhaltung
erforderlich sind" (Pross 1976, 117). Außerdem nimmt der Grad der Verfügbarkeit der Medien für den einzelnen mit ihrer Technisierung deutlich ab. Daraus re-
sultieren kommunikative Benachteiligungen, und die zeitlichen wie räumlichen
Abhängigkeiten der subjektiven Rezeption wachsen. Obwohl Pross zunächst technologische Parameter identifizierte, bezieht er also gesellschaftliche und kommunikative Konsequenzen mit ein. Selbst wenn seine Einteilung die jüngsten, elektronischen Medien nicht mehr erfaßt, kann sie bis heute als Heuristik für eine
noch zu schreibende Mediengeschichte gelten (Faßler/Halbach 1998, 31; Ludes
1998, 69ff.).

1.3.4. Ein kommunikations- und organisationssoziologischer Medienbegriff

Wiederum seit Gutenberg verlangen und bewirken die jeweils neuen Technolo-
gien spezielle betriebliche Arbeitsformen, Berufe und Tätigkeiten: Papiermühlen,
Setzereien und Druckereien entstanden, Verleger und Buchhändler vertrieben die

Drucke auf den Messen. Verlage und Grossisten im heutigen Verständnis gründeten sich erst im 18. Jahrhundert. Zeitungen und Zeitschriften erforderten ebenfalls Druckereien, Verlage, Grossisten, Kolporteure, ermutigten die Gründung von Lesekabinetten und -zirkeln, und Hörfunk und Fernsehen erwirkten Sendeanstalten in verschiedenen Rechts- und Eigentumsformen.

Unter den Anforderungen moderner Medientechnologien und hoher Kapitalinvestitionen haben sich inzwischen intermediale Konzerne gebildet, die sämtliche medialen Verbreitungsformen in ihren Betrieben oder in ihren Besitzstrukturen vereinen und „cross ownerships" formieren. Sie vermarkten Stoffe und Stars multi- oder transmedial und steuern jeweils ihre Verkaufskampagnen weltweit. Etliche Konzerne sind nicht ausschließlich in der Medienbranche angesiedelt, sondern stammen aus der Energie-, Elektronik- und Nahrungsmittelbranche. Mittlerweile vereinnahmen sie von den Filmstudios in Hollywood bis zu den Telefonleitungen und Computernetzen, von der Werbebranche bis hin zur Freizeitindustrie und Tourismusbranche alles: Time Warner Inc., Walt Disney Co, Viacom Inc., News Corporation Ltd., Microsoft und die Bertelsmann AG werden zu diesen „Global Players" gerechnet, die inzwischen den Kommunikationsmarkt der Welt beherschen (Hachmeister/Rager 1997; Johns 1998).

1.3.5.   Ein kommunikativ-funktionaler Medienbegriff

Jede Kommunikation – auch die mediale – realisiert kommunikative Funktionen. Mithin läßt sich jedes Medium in dieser kommunikativen Funktionalität beschreiben, bzw. es lassen sich ihm kommunikative Funktionen attestieren. Sie werden dabei mit den verschiedenen Komponenten der Medien verknüpft – mit den Apparaten ebenso wie mit den geistigen Produkten, mit den elementaren Zeichendimensionen wie mit den gesellschaftlichen Organisationsformen – und wandeln sich im Laufe der Geschichte. Außerdem haben sich in der Kulturgeschichte und in der sozialen Gegenwart bestimmte Kommunikationsfunktionen herausgebildet bzw. werden von den Medien wahrgenommen oder ihnen zugeschrieben, die nun zum soziokulturellen Gefüge und Bewußtsein gehören: etwa die Konstitution, mindestens die Präsentation von Öffentlichkeit, die Integration heterogener Gruppen und Interessen, Information, Kritik und Kontrolle als Faktoren demokratischer Willensbildung, die Vermittlung von Bildungsprozessen, die Versorgung mit Unterhaltung und Amüsement, die Verbreitung von Werbung etc.

Ferner werden den einzelnen Medien besondere kulturelle, ästhetische Optionen attestiert: Der Fotografie schreibt man zu, daß sie Ausschnitte von Realität authentisch abbildet und damit materialisiert. Spätestens seit Walter Benjamins (1963) Thesen über die dadurch bewirkte Reproduzierbarkeit von Kunst gelten Singularität und Aura des Kunstwerks für aufgekündigt (vgl. Kloock/Spahr 1997, 13ff.). Aber vermutet wird auch, daß diese Medientechnik ein neues Sehen bewirkt hat. Den Film mit seinen bewegten Bildern rühmt man wegen seiner speziellen Sprache, also wegen seines expressiven und ästhetischen Vermögens. Das Fernsehen universalisiert gewissermaßen die audiovisuelle Reproduktion von Wirklichkeit und veralltäglicht sie zugleich, da es keinen Lebensbereich mehr vor der elektronischen Repräsentation verschont. Wenn heute Medien immer mehr und komplexere kommunikative Funktionen übernehmen, dann läßt sich letztlich kaum mehr trennen, worauf bestimmte Zuschreibungen rekurrieren: Das Internet vereinigt tendenziell alle erdenklichen kommunikativen Funktionen in sich, mithin auch alle Medien.

1.3.6. Ein systemischer Medienbegriff

Einen theoretischen Ausweg aus dem terminologischen Gewirr sehen viele zeitgenössische Betrachtungen nur noch darin, den Medienbegriff so zu dehnen, wie überhaupt menschliche Erkenntnis reicht: Die einen argumentieren von einer medien- und technikkritischen Haltung aus – Umberto Eco (1986) nannte sie die „Apokalyptiker" – und sehen die Wirklichkeit weitgehend oder schon gänzlich mediatisiert, die „virtuelle Realität" mithin schon als realer an als die wirkliche. Die anderen verbreiten eher Technik- und Medieneuphorie und prophezeien ungeahnte Potentiale, mit denen sich die natürlichen Begrenztheiten des Menschen überwinden lassen und die Individuen selbst Teile von Mediensystemen werden.

Besonders die soziologische Systemtheorie entwirft – unter der Federführung von Niklas Luhmann (1927–1998) – einen abstrakten Medienbegriff (Luhmann 1984): Gesellschaft wird als autopoetisches (d.h. als auf sich selbst bezügliches und sich selbst erzeugendes) System begriffen, das als „Letztelement" auf Kommunikation beruht. Mit ihr grenzt sich jedes System vom anderen ab, außerdem stiftet sie Sinn und sinnhafte Grenzen; so reduziert wie erhält sie Komplexität innerhalb des Systems. Dadurch ist ein System fähig, seine Identität auszubilden und sich als System im Verhältnis zu seiner Umwelt zu definieren. Den Begriff des Massenmediums im engeren Sinn faßt die Systemtheorie allerdings eher instrumentell, nämlich als technisches Verbreitungsmittel, das „keine Interaktion unter Anwesenden zwischen Sender und Empfänger" zuläßt (Luhmann 1996, 5). Massenmedien verkörpern ein eigenes System, dessen Code als zeitliche Dimension definiert wird und sich – entsprechend dem systemtheoretischen Informationsbegriff – aus der Differenz von Information und Nichtinformation ergibt.

1.4. Massenkommunikation

In Umbruchzeiten bestehen alte und neue Strukturen nebeneinander. So erfreuen sich die Massenmedien in ihren überkommenen wie auch in ihren innovativen Formen noch erheblicher, kaum eingeschränkter Resonanz. Radio und inbesondere Fernsehen haben mit der Erweiterung von Übertragungskapazitäten durch Kabel und Satellit sogar eine enorme Expansion und quantitative Vervielfältigung

erfahren, so daß sie jetzt – zumindest hinsichtlich der Nachfrage durch das
Publikum – mehr als jemals zuvor Massenmedien sind. Dennoch wird schon
länger das Ende der Ära der Massenkommunikation – und insbesondere des
Fernsehens – angekündigt (Münker/Roesler 1999): „There never was such a mass
society before and probably will never be once again", konstatierte der amerikanische Kommunikationsforscher Ithiel de Sola Pool bereits zu Beginn der 80er
Jahre (1983, 259 zit. nach Maletzke 1987, 247), und andere stimmen ihm zu
(Burkhart/Hömberg 1997, 79, 87). Gemeint ist damit zweierlei: Zum einen sei die
Massengesellschaft als soziale Basis verschwunden, zum andern diversifiziere
gerade die erwähnte Vervielfältigung der elektronischen Medien das Publikum,
so daß ein Massenpublikum wie früher kaum mehr erreicht werden könne.

Sicherlich ist der Begriff des Massenmediums an das Konzept der Massengesellschaft gebunden, das zu Beginn des 20. Jahrhunderts entstand. Infolge von
Industrialisierung, Urbanisierung, Verelendung der unteren sozialen Schichten
und der Erosion traditioneller Wertorientierung schien sich die herkömmliche
Gesellschaftsordnung aufzulösen, die auf formellen, verwandtschaftlichen Bindungen und organischen Beziehungen ruhte. An ihre Stelle traten situative,
anonyme soziale Konstellationen, die sich entsprechend unterschiedlicher Gegebenheiten und Zwecke bildeten: über Arbeit, Wohnung, Bildung, Freizeit, funktionale Organisationen und altersspezifische Interessen. Sie erzeugen aber keine
überdauernden, ganzheitlichen Bindungen mehr. Auch die Massenmedien zählen
zu diesen Faktoren. Insbesondere besetzen sie – so die Annahme – das durch die
Bindungslosigkeit entstandene emotionale wie wertbezogene Vakuum und können
so die atomistisch lebenden Menschen nachhaltig steuern oder manipulieren.

In die deutsche Sprache wurde der Begriff ‚Massenkommunikation' durch die
schlichte Übernahme des angloamerikanischen ‚mass communication' eingeführt.
Daß „Masse" vom deutschen Konservativismus zu Beginn des 20. Jahrhunderts,
erst recht vom Nationalsozialismus ideologisch und machtstrategisch ge- und
mißbraucht wurde, blieb unbedacht. Inzwischen debattiert man über seine mißver-
ständliche Semantik und hat auch schon für seine Abschaffung plädiert (Merten
1977, 145). Aber seine internationale Gebräuchlichkeit ließ ihn überleben – bis
er nun womöglich von dem unverfänglichen, aber auch breiteren der Medien-
oder der medialen Kommunikation abgelöst wird.

Falsch sei von Anfang an gewesen, kritisierte der amerikanische Soziologe
Herbert Blumer (1966, 30, zit. nach Kunczik 1979, 18f.), der Massengesellschaft
zu unterstellen, „daß [sie] nicht Lebensordnung, sondern Auflösung einer Lebensordnung bedeutet". Immerhin erkannten viele Zeitgenossen die Massengesellschaft als unausweichliche Duchgangsphase zur modernen, demokratisch organi-
sierten Industriegesellschaft. Dabei haben empirische Indikatoren die vielfach
apostrophierte Vermassung und Vereinzelung der Menschen nicht so zwingend
und umfassend nachgewiesen, wie es die theoretischen Entwürfe und kritischen
Sichtweisen behaupteten. Vielmehr machte man bald neuartige, funktional be-

dingte Strukturierungen in den vermeintlich amorphen sozialen Gebilden aus, die
soziale Gruppe wurde ‚wiederentdeckt', korrekter: als unter anderen Bedingungen
entstandene Primärformation der modernen Gesellschaft erkannt – übrigens nicht
zuletzt durch Erhebungen von Kommunikationsforschern, allen voran Paul
F.Lazarsfeld (1901–1976) und seinen Mitarbeitern im Präsidentschaftswahlkampf
von 1940 (vgl. Lazarsfeld/Berelson/Gaudet 1969). Allmählich verstummte die
Rede von der Massengesellschaft, mindestens relativierten sich die pessimisti-
schen Untertöne. In Deutschland geschah dies erst in den 60er Jahren, nachdem
in der Nachkriegszeit erneut Vereinzelung, Entfremdung, „Vermassung", „Verlust
der Mitte" und Anonymität beschworen worden waren.

In der Medienforschung entspricht der Theorie der Massengesellschaft die
These von der allmächtigen Wirkungs- und Manipulationsmacht der Massenmedien, die sich allerdings bis heute – trotz der Verabschiedung von der Massengesellschaft – in allerlei Versionen hält. Diese Prämisse unterstellt (nach wie vor),
daß die ständig einflußreicher werdenden (Massen)Medien auf die Individuen fast
ungehindert einwirken können. Erst als die neuen funktionalen Gliederungen und
Netzwerke in der Gesellschaft entdeckt wurden und man zugleich erkannte, daß
auch die Kommunikation über Medien mehrstufige Prozesse der Verbreitung
(Diffusion) durchläuft und etwa sogenannte Meinungsführer (opinion leaders)
oder Experten bei der Resonanz und Akzeptanz von Neuigkeiten Einfluß haben,
relativierte sich die Annahme über die Wirkungsmacht der Medien. In den 60er
Jahren verkehrte sie sich sogar in ihr Gegenteil: nämlich in die Annahme von der
weitgehenden Ohnmacht der Medien. Bis heute lassen sich manche Kontroversen
auf diese grundsätzliche, unterschiedliche Einschätzung der Wirkungsmacht von
Medien zurückführen (Schenk 1978, 16ff.; 1987).

1.5.   Von der Öffentlichkeit zur ‚audience polarization'?

Will man den Demokratisierungsgrad einer Gesellschaft ermessen, ist dafür ein
wichtiger Indikator, ob Meinungs- und Informationsfreiheit in einer Gesellschaft
herrscht und wie öffentlich, d.h. wie zugänglich und beeinflußbar die gesellschaftliche Kommunikation ist. Anders formuliert: wer zählt aus einer Population
zum Publikum, und wie sozial ist es zusammengesetzt? Beispielweise hatten in
der antiken Polis, dem Ideal direkter Demokratie, höchstens zehn Prozent der
männlichen Bewohner die vollen politischen Rechte.

Öffentlichkeit nimmt daher einen bedeutenden ideengeschichtlichen und
verfassungsrechtlichen Rang ein. Als kämpferische Losung richtete sie sich gegen
die Geheimpolitik feudaler Machthaber und wurde so zum Ziel bürgerlicher
Emanzipation. Institutionalisiert wurde sie einerseits im Parlament, in den publizistischen Medien realisierte sie sich andererseits zugleich als öffentlicher Diskurs
wie als Geschäft, zwischen öffentlichem Auftrag und Markt. Dadurch verlor

Öffentlichkeit allmählich ihre politische Brisanz und wandelte sich zur diffusen Publizität, letztlich auch zur ebenso professionellen wie kommerziellen Inszenierung öffentlichen Geschehens: Die hergebrachte Opposition von privat und öffentlich schwindet zusehends, Intimität wird – zumal bei prominenten Personen – als besonders pikant für die Öffentlichkeit herausgestellt. ‚Öffentliche Meinung' als der empirische Durchschnitt von Einzelmeinungen wird von der kommerziellen Demoskopie unentwegt erhoben und als Legitimation dieser oder jener politischen Entscheidung herangezogen (Habermas 1969; 1990; Neidhardt 1994).

Moderne, repräsentative Demokratie beruht auf der politischen Informiertheit, Willensbildung und Beteiligung ihrer Bürgerinnen und Bürger; sie wird mithin erst durch Massenmedien und deren breite Rezeption möglich, da die Medien gewissermaßen zwischen politischem System und Gesellschaft vermitteln. Daher werden in den staatlichen Verfassungen die Meinungsfreiheit des Einzelnen und die Pressefreiheit gleichermaßen garantiert, die eine ist jeweils der Maßstab für die andere. Medien gelten prinzipiell als Träger öffentlicher oder gesellschaftlicher Kommunikation; ihre Gehalte und Funktionen sind – unter Berücksichtigung der verschiedenen Verhältnisse und Veränderungen – zu konkretisieren. Generell nehmen die Medien die Funktion der Information, der Meinungsbildung, der Kritik und Kontrolle gewissermaßen als verfassungsrechtlich geschützte öffentliche Aufgaben wahr, weshalb den Medien mitunter im Rahmen der anerkannten Gewaltenteilung die Funktion einer „vierten Gewalt" im Staat attestiert wird. Außerdem sollen die Medien eine Gesellschaft sozial und politisch integrieren, um ihren Zusammenhalt zu sichern und ihre Mitglieder politisch zu sozialisieren. Welchen Anteil die Medien an der politischen Sozialisation des einzelnen tatsächlich haben, wird zwar vielfach postuliert, läßt sich aber nicht exakt ermitteln. Tatsächlich richten sie ihre Nachrichten und Beiträge vornehmlich an die (schon) politisch aktiven Bürgerinnen und Bürger, sofern sie sich nicht gänzlich an der politischen Elite orientieren.

Vielfach befürchtet wird inzwischen, die anhaltende Diversifikation der Medien und deren diagnostizierter Verfall als Massenmedien untergraben die integrierenden Funktionen und schwächen damit die Demokratie: Wenn sich das Publikum weiter „verstreue" (Hasebrink 1994), sich in Teilöffentlichkeiten oder gar unzählige Interessenten- und Nutzergruppen fragmentiere, die nur noch von Spezialmedien erreicht und bedient werden, könnten wichtige politische Debatten nicht mehr über die Medien geführt werden, weil die bedeutenden Themen einen Großteil des Publikums nicht mehr erreichen. Daher drohe soziale Desintegration oder die „balkanization of community" (Holtz-Bacha 1997, 21).

Optimisten sehen hingegen mit den digitalen Medien, vor allem mit dem Internet, eine neue Phase direkter Demokratie heraufziehen, zumindest die neuerliche Transformation der repräsentativen Demokratie, da sich nun die für viele fremd gewordene repräsentative Mitwirkung in eine digitale Polis wandeln könne, die (elektronisch) unmittelbare Partizipation und ständigen Dialog ermögliche. Potentiell erzeugen die digitalen Online-Vernetzungen das Publikum vollständig und in ‚Echtzeit'; sie statten es mit mehr direkten interaktiven Optionen aus als jemals zuvor, selbst wenn dieses Publikum nur virtuell bestünde, weil es individualisiert bleibt. So schwärmte der amerikanische Vizepräsident Al Gore 1994 von einem neuen „Athenischen Zeitalter", nun als „globale Informationsstruktur" (Holtz-Bacha 1997). Das repräsentative Parlament werde „virtuell" oder könne sogar durch periodische Plebiszite abgelöst werden, sofern alle Bürgerinnen und Bürger online verbunden sind. Die öffentliche Sphäre demokratisiere sich, wie sich ebenso gesellschaftliche Gruppen und Vereinigungen revitalisieren, da sich ihre Mitglieder umstandslos in politische Willensbildungs- und Entscheidungsprozesse einschalten könnten.

Andere Prognostiker halten die Visionen von der digitalen Demokratisierung für Wunschdenken, denn aus ihrer Sicht verlange die Informationsgesellschaft nicht weniger, sondern mehr staatliche Autorität, um die heraufziehenden sozialen Verwerfungen und internationalen Risiken zu meistern, um der befürchteten Erosion der Gesellschaft und der fortschreitenden Relativierung der Normen entgegenzuwirken. Je mehr Information zur Verfügung stehe, um so mehr Orientierungswissen und Ethik seien erforderlich, deren Regeln nur staatliche Instanzen bereitstellen und vor allem durchsetzen könnten (Münker/Roesler 1997).

1.6. Definitionen und Dimensionen von Massenkommunikation

1.6.1. Das bewährte Modell Gerhard Maletzkes

In seinem Pionierwerk „Psychologie der Massenkommunikation" von 1963 arbeitete Gerhard Maletzke (1963) den damaligen Stand der empirischen Forschung unter psychologischer Perspektive auf und definierte Massenkommunikation folgendermaßen:

„Unter Massenkommunikation verstehen wir jene Form der Kommunikation, bei der Aussagen

öffentlich	(also ohne begrenzte und personell definierte Empfängerschaft)
durch technische Verbreitungsmittel	(Medien)
indirekt	(also bei räumlicher oder zeitlicher oder raumzeitlicher Distanz zwischen den Kommunikationspartnern)
und einseitig	(also ohne Rollenwechsel zwischen Aussagendem und Aufnehmendem)
an ein disperses Publikum	(s. u.)
vermittelt werden"	
(Maletzke 1963, 32).	

„Dispers" ist das Publikum der Massenkommunikation deshalb, weil es sich von
Fall zu Fall durch gemeinsame Zuwendung an eine publizistische Aussage bildet
und daher kein überdauerndes soziales Gebilde ist. Die Medien erzeugen gewissermaßen das Publikum, auch wenn es sich vielfach festgefügt hat, z. B. als
Abonnenten, oder sich – bei den elektronischen Medien – regel- bzw. gewohnheitsmäßig formiert. Die Mitglieder sind als Individuen räumlich getrennt, sie
treffen sich in gewohnten Situationen (z. B. Familie, Freundeskreis) oder an speziellen (Medien)Orten (z. B. Kino, Disco).

Diese Definition wurde ein Paradigma für die moderne Medienforschung,
auch wenn manche Kritik an ihm geäußert, manche Erweiterung und Modifikation vorgenommen wurden. G. Maletzke veranschaulichte es auch grafisch als
„Feldschema", da nach der Feld-Theorie des Sozialpsychologen Kurt Lewin
(1890–1947) „das Beziehungsfeld der Massenkommunikation" als ein komplizier-
tes dynamisches System von Interdependenzen" abgebildet werden kann. Zu den
einzelnen Faktoren führte Maletzke (1981, 15) aus:

> „Der Kommunikator (K) produziert die Aussage durch Stoffwahl und Gestaltung. Seine
> Arbeit wird mitbestimmt durch seine Persönlichkeit, seine allgemeinen sozialen Bezie-
> hungen (u. a. persönliche direkte Kommunikation), durch Einflüsse aus der Öffentlichkeit
> und durch die Tatsache, daß der Kommunikator meist in einem Produktionsteam arbei-
> tet, das wiederum einer Institution eingefügt ist. Außerdem muß der Kommunikator die
> Erfordernisse seines Mediums und des ‚Programms' kennen und berücksichtigen, und
> schließlich formt er sich von seinem Publikum ein Bild, das seine Arbeit und damit die
> Aussage und damit endlich auch die Wirkungen wesentlich mitbestimmt. Die Aussage
> (A) wird durch das Medium (M) zum Rezipienten geleitet. Sie muß dabei den techni-
> schen und dramaturgischen Besonderheiten des jeweiligen Mediums angepaßt werden.
> Der Rezipient (R) wählt aus dem Angebot bestimmte Aussagen aus und rezipiert sie.
> Der Akt des Auswählens, das Erleben der Aussage und die daraus resultierenden
> Wirkungen hängen ab von der Persönlichkeit des Rezipienten, von seinen sozialen
> Beziehungen, von den wahrnehmungs- und verhaltenspsychologischen Eigenarten des
> Mediums auf der Empfängerseite, von dem Bild, das sich der Rezipient von der Kom-
> munikatorseite formt und von dem mehr oder weniger klaren Bewußtsein, Glied eines
> dispersen Publikums zu sein." Trotz der Einseitigkeit der Massenkommunikation komme
> dadurch gewissermaßen ein ‚Feedback' zustande.

Mit diesem Feldschema behält Maletzke die funktionalistische Prämissen der
amerikanischen Vorbilder bis hin zur Annahme einer Balance zwischen Kommunikator und Rezipient bei. Daß sich mit der professionellen, hochorganisierten
und vor allem ökonomisch ausgerichteten Medienkommunikation die Gewichte
zum Nachteil des Publikums verlagert haben, daß es mindestens massive Beein-
flussungsmöglichkeiten und wohl auch Abhängigkeiten gibt, läßt dieses Modell
außer acht. Allerdings gerät letztlich jedes Modell an Grenzen der Darstellbarkeit.
Immerhin würdigte kürzlich, anläßlich des 75. Geburtstags Maletzkes, die gegenwärtige Medienwissenschaft seinen Ansatz dahingehend, er habe „Schule" ge-

macht, „Medienwissenschaft und Medienpraxis" weithin geprägt und besitze noch immer genügend heuristisches Potential, um die Grundfrage: „Was heißt heute noch Massenkommunikation?" nicht nur aktuell, sondern auch systematischer zu diskutieren, als dies „weit verstreute Einzelstudien" und Erkenntnisse gemeinhin vermögen (Fünfgeld/Mast 1997).

1.6.2. Eine aktuelle Definition für mediale Kommunikation

Bleibt man in den Kategorien Maletzkes, könnte eine zeitgemäße Fassung, die die allmähliche Aufweichung der Massenkommunikation und die Mutationen zur medialen Kommunikation aufgreift, wie folgt formuliert werden:

Unter medialer Kommunikation verstehen wir die (sich mehr und mehr verbreitende) Form der Kommunikation, bei der

Zeichen	(also Texte, Grafiken, Töne, Bilder)
privat oder öffentlich	(in allen denkbaren Graden und Versionen)
durch technische Verbreitungsmittel	(Medien im weitesten Sinne)
analog oder digital	(also ohne oder mit Unterstützung elektronischer Datenverarbeitung [Computer])
anonym, verschlüsselt oder explizit	
simultan oder zeitversetzt	
bei räumlicher Distanz	
ein- oder wechselseitig	(also ohne oder mit Rollenwechsel der Kommunizierenden, wobei letzterer auch als Interaktivität bezeichnet wird)
an einzelne, mehrere oder viele	
(Adressaten/Zielgruppen) vermittelt	
werden.	

Diese Definition versucht den jüngsten Entwicklungen der Medien und der medialen Kommunikation Rechnung zu tragen. Daher kann sie nicht mehr grundsätzlich zwischen personaler und Massenkommunikation trennen. Vermutlich war der Begriff der Aussage schon zu Maletzkes Zeiten zu eng und mißverständlich, wenn darunter auch Unterhaltung, Service oder gar Werbung gefaßt werden sollen. Der Zeichenbegriff ist neutraler und umfaßt alle Formen der Ent-Äußerung, auch diejenigen, die im engeren Sinne keine Aussage beabsichtigen und/-oder nicht professionell, also im System der institutionalisierten Massenkommunikation, produziert werden.

Ebenso kann nicht mehr eindeutig zwischen Öffentlichkeit und Privatheit geschieden werden, worauf schon die strukturgeschichtlichen Untersuchungen von Jürgen Habermas (1969, 1990) und in seiner Nachfolge noch etliche andere aufmerksam machten (Neidhardt 1994): Die modernen Mediengesellschaften vermischen Privates und Öffentliches unentwegt, ja es gehört wohl zu ihren Mechanismen von Herrschafts- und Loyalitätssicherung, von Aufmerksamkeitsweckung und Personalisierung mit vielfältigen Formen von Öffentlichkeit und Privatheit zu spielen.

Ohnedies vereinen die elektronischen Online-Medien private und öffentliche Kommunikation und offerieren zudem privatrechtliche Dienstleistungen. Im Internet sind sämtliche Optionen möglich, so daß es am offensichtlichsten die anhaltende Transformation und Fusion von Kommunikation markiert. Zugleich kennt es aber auch Abschottungen, die mindestens formal Privatheit signalisieren (auch wenn sie technisch überwindbar sind): Die diversen News- und Chat-Groups machen sich durch Zugangsschwellen und Accounts begrenzt exklusiv; Intranets schließen sich noch massiver ab und vernetzen nur bekannte Adressen, etwa als interne Firmenkommunikation.

Noch sind einige Übertragungswege analog, wie etwa bei den klassischen Massenmedien. Manche haben bereits beide Varianten, gedruckte wie Online-Zeitungen. Hörfunk und Fernsehen stehen unmittelbar vor ihrer Digitalisierung. Ihre Verwirklichung ist kein technisches Problem mehr, sondern vorrangig ein marktstrategisches. Die Märkte des digitalen Rundfunks sind mächtig umkämpft. Wie Zeichen und Daten übertragen und verbreitet werden, hängt vom Grad ihrer Publizität und der Intention ihrer Urheber ab. Insofern finden sich wiederum alle Varianten, von der Geheimhaltung und/oder Vertraulichkeit bis hin zur uneingeschränkten Zugänglichkeit. Allerdings können ihre Urheber sie nur noch begrenzt sichern und entsprechend deklarieren, so daß sich die Grade von Öffentlichkeit und Zugänglichkeit für die Nutzung aus Sicht der Technik anders darstellen als für die Urheber und Verbreiter.

Elektronische Daten sind allerorts (nahezu) gleichzeitig mit ihrer Erzeugung und Eingabe verfügbar: Letztlich fallen Produktion und Rezeption in „Echtzeit" zusammen; beim Internet können sie – wie im personalen Dialog – ständig wechseln. Vor allem das chararakteristischste Kriterium der Massenkommunikation, die Einseitigkeit des Kommunikationstransfers, wird mehr und mehr aufgehoben – entsprechend erodiert die Dualität von personaler und Massenkommunikation. Als Unterscheidung kann nur noch dienen, ob allein die natürlichen Kommunikationsmittel des Menschen verwendet werden oder ob ein technisches Medium zum Einsatz kommt. Bei den technischen Medien lassen sich der Grad ihrer Institutionalisierung und der ihrer Professionalisierung spezifizieren, die man auch als Grad der Gesellschaftlichkeit fassen kann. So dürften sich weiterhin die klassischen Massenmedien von der Internet-Nutzung unterscheiden lassen, allerdings kaum mehr durch ihre Publizität, eher durch ihre Selektivität und Professionalität. Denn auch das laienhafteste Produkt kann mit Internet weltweit versendet werden und damit verfügbar sein. Ob es allerdings in der Flut der Daten und Informationen beachtet oder gar rezipiert wird, ist eine andere Frage.

Wenn schon die Massenmedien das bürgerliche Publikum zunehmend auflösen und es zu zufälligen Adressaten für diverse Offerten und Dienstleistungen partikularisieren, dann beschleunigen und forcieren die elektronischen Medien diese Umwandlung, so daß alle Varianten von Gruppierungen vorkommen. Nur noch bei wenigen öffentlichkeitswirksam aufbereiteten Ereignissen („events") dürften sich Publika im herkömmlichen Sinne konstituieren und etwa vor dem Fernsehapparat versammeln, um danach ebenso schnell wieder zu verfallen und sich in anderen Formationen zu finden. Auch wenn G. Maletzke das Publikum schon als „dispers" charakterisierte, hielt er dennoch am Begriff des Publikums fest. Für den isolierten Internet-User, aber auch für die Special-Interest-Group einer Zeitschrift, für die von einem Sendebereich in den anderen gelangenden Autofahrer sowie für die häufig hin und her zappenden Fernsehrezipienten dürfte der historisch und normativ belegte Terminus des Publikums auf Dauer wohl kaum mehr passen. Aber ein angemessenerer und vor allem geläufigerer ist bislang nicht gefunden.

2. Funktionalität von Medienkommunikation

Aus soziologischer Perspektive bietet sich an, mediale Kommunikation und Medien in ihrer Funktionalität für eine moderne Gesellschaft zu betrachten: etwa für ihr jeweiliges sozio-kommunikatives Niveau, ihre soziale Integration, ihre kulturelle Tradition und Selbstverständigung, ihre kollektive Mentalität und ihre kommunikative Interaktion bzw. die Distribution ihrer geistigen Produkte. Solche Ansätze rekurrieren auf systemtheoretische Konzepte, auch wenn sie sie nicht immer hinreichend explizieren und differenzieren. Funktionen werden im system-theoretischen Denken vornehmlich positiv gedacht, zur Aufrechterhaltung und Stablisierung des Status quo und seiner (massen)loyalen Absicherung – selbst wenn sich dysfunktionale Tendenzen nicht ganz ausschließen lassen, zumal Lern- und Transformationsprozesse sozialer Systeme heute, angesichts des technologi-schen und sozialen Wandels, als notwendige Momente der Systemsicherung erachtet werden (Luhmann 1984).

Vom kritischen Denken, das mit der Frankfurter Schule in den 60er und 70er Jahren in den Sozialwissenschaften überwog, wurden vornehmlich die system-affirmativen Potentiale solcher Funktionen analysiert. Sie wurden verdächtigt, die damals erstrebte Emanzipation der Individuen und die Veränderung der Gesell-schaft zu behindern. Allerdings wurden die als systemkritisch und sogar als systemüberwindend gedachten Ansprüche meist nicht weniger objektivistisch, wenn nicht totalitär formuliert (Habermas 1981).

Inzwischen werden die diversen Funktionen der Medien weitgehend offen, in ihrer unumgänglichen Vielfalt oder auch Widersprüchlichkeit gesehen. Als einzelne können sie ein Mediensystem nicht erschöpfend definieren, zumal sie sich in den diversen Entwicklungen ständig ändern und wechselseitig beein-flussen. Daher fällt jede Beschreibung notwendig typisierend aus und muß jeweils empirisch konkretisiert werden. Genannt werden meist folgende Funktionen, die hier ohne Anspruch auf Vollständigkeit und prioritäre Systematik expliziert werden (vgl. auch Haas 1987, 153ff): Medien sollen

- informative, dokumentarische und phantastisch-fiktionale ,Welten' speichern, tradieren und verbreitern,
- informieren
- Realitäten strukturieren und auf mögliche Relevanzen hin auswählen
- dadurch Orientierungen geben, beraten und – eher früher – Bildung vermitteln
- Kritik und Kontrolle ausüben

- sozial und kulturell integrieren
- unterhalten
- Kultur erzeugen, darstellen und tradieren
- „Welt" und Wirklichkeit vermitteln
- soziales Handeln bewerkstelligen, zumindest anstoßen
- Individuen sozialisieren
- sozialen Wandel initiieren, womöglich hervorrufen, mindestens kommunikativ-publizistisch begleiten.

Darüber hinaus sind Medien seit ihrem Aufkommen Wirtschaftsgüter und Waren. Sie sind mittlerweile bedeutende Faktoren wirtschaftlicher Wertschöpfung und der Gewinnerzielung. Diese ständig relevanter werdende Funktion wird etwa in den wiederholt aufbrechenden Debatten über die Konzentration in der Medienbranche oder über den wachsenden Einfluß von Werbung und Kommerz diskutiert. Und da die gesamte Medienbranche an Umsatz und Wertschöpfung laufend hinzugewinnt, werden auch Strategien der staatlichen Standortsicherung sowie der Wirtschaftsförderung verstärkt thematisiert.

Aber es kennzeichnet die langwährende ökonomische Indifferenz der einschlägigen Kommunikationswissenschaften, daß die wirtschaftliche Funktionalität der Medien kaum als essentiell angesehen wurde, obwohl einer ihrer Begründer, der Nationalökonom Karl Bücher (1847–1930), sie schon 1917 als konstitutives Fundament der Zeitungsproduktion und damit auch der Zeitungskunde postulierte (Bohrmann/Sülzer 1973, 84ff). Ebenso betonten B. Brecht in seiner Radiotheorie von 1932 und nach ihm viele andere, daß die für die bürgerliche Kunst geltende Janusköpfigkeit erst recht für die Medien zutreffe (vgl. auch Prokop 1995). Allein die sich seit den 60er Jahren bildende marxistische und (ideologie)kritische Medienforschung betonte diese analytischen Defizite und konzentrierte sich mit vielerlei Ansätzen auf die ökonomische Analyse der Medien.

Inzwischen bekennt sich die Branche ungeniert zu ihren primär ökonomischen Zielen, denen sich sogar die öffentlich-rechtlichen Rundfunkanstalten immer weniger entziehen, obwohl sie nicht uneingeschränkt dem Markt ausgeliefert oder – nach den Kategorien marktwirtschaftlicher Ordnungspolitik – hochsubventioniert sind. Doch trotz dieser unübersehbaren Veränderungen und eingeräumten Determination scheint die „deutsche Kommunikationswissenschaft [...] für die Beobachtung und Analyse eines Mediensystems, das wesentliche Antriebskräfte seiner Veränderung aus den wirtschaftlichen Entwicklungsmöglichkeiten elektronischer Medien bezieht, schlecht gerüstet", so kürzlich noch eine prominente Einschätzung, die für eine „publizistikwissenschaftlich orientierte Medienökonomie" plädiert (Kiefer 1997, 54f.). Zwar mehren sich einschlägige, vor allem einführende Publikationen. Aber da „eine medienökomische Forschungstradition nicht existiert" (Kiefer 1997, 55), bleiben diese medienökonomischen Ansätze bislang disparat und leisten nicht die interdependente Analyse gegenwärtiger

Medienproduktion und -formation, auch (noch) nicht die Aufarbeitung „der
ökonomischen Bedingtheiten publizistischer Phänomene" (ebd., 59).

Insgesamt lassen sich die genannten Funktionen nur für ein begrenzt autono-
mes, spezifisches Subsystem, dem der Massenkommunikation, bestimmen und
beschreiben. Soweit die digitalen Medien sich in diese Strukturen und Funktionen
integrieren lassen, wie es etwa beim digitalen Rundfunk der Fall ist, können sie
adaptiert und modifiziert werden. Andere Funktionen erwachsen aus Transforma-
tionen bislang getrennter Teilsysteme der Gesellschaft wie etwa des (Konsum)-
Marktes, der nun via telebanking, teleshopping etc. elektronisiert wird. Ebenso
wandelt sich der Arbeitsmarkt durch die Digitalisierungsprozesse, sowohl in der
Organisation der Betriebe, in den Arbeitsabläufen wie in den Qualifikationen der
Arbeitenden, wie es besonders deutlich die wachsende Telearbeit exemplifiziert.
Solche funktionalen Zusammenhänge haben keine öffentlichen, verfassungsrechtlichen Aufgaben, sie sind mithin keine Dimensionen der herkömmlichen öffentli-
chen Kommunikation, durchdringen diese aber zunehmend.

2.1. Speicherung (Archivierung), Überlieferung (Tradition) und Verbreitung (Distribution)

Medien speichern und überliefern menschliche Erfahrungen, Erkenntnisse, Wissensbestände, Ideen und Phantasien. Ohne Medien gäbe es keine Tradition,
mindestens nicht in dem geläufigen Verständnis der Bevorratung, Übertragung
und Verfügbarkeit voraufgegangener Kulturproduktion. Die Kulturgeschichte
hätte ohne sie wahrscheinlich einen anderen Verlauf genommen: Medien sind die
kulturellen Thesauri, die Erinnerungsagenturen für die Menschen; daraus erwächst auch die allerdings unterschiedliche, sich wandelnde Wertschätzung für
die einzelnen Medien. Dabei wird die Dialektik ihrer Medialität immer deutlicher:
Sie sind zum einen Speicher und Distributeure geistig-kulturellen Schaffens, wie
sie zum anderen – mit ihrer anhaltenden Expansion und fortschreitenden Durch-
dringung aller Lebensbereiche – selbst Kulturobjekte und -faktoren werden (vgl.
etwa Gumbrecht/Pfeiffer 1988; Giesecke 1991).

Dem Buch etwa werden solche kulturelle Funktionalität und damit Wertschätzung uneingeschränkt attestiert. Ohne Gedrucktes wären Aufklärung, moderne Wissenschaft, die Ablösung von Theonomie, Mythologie und schicksalsbe-
stimmtem Menschenbild, politisch ausgetragen in Reformation und Revolutionen,
nicht gelungen, Rationalität und individuelle Mündigkeit hätten sich nicht durch-
gesetzt. Auch die anderen Printmedien, Zeitungen und Zeitschriften, werden als
publizistische Wegbereiter jener Emanzipationsbestrebungen und intellektuellen
Errungenschaften anerkannt, die zuletzt in die kulturelle und politische Demokratie einmündeten. Ihre ökonomischen Verflechtungen und ihre Konzessionen
gegenüber Absatz und Markt werden gleichwohl seit jeher hellhöriger registriert,

als man sie für das Buch wahrnimmt (Pürer/Raabe 1996; Straßner 1999; 1997).
Die Kampagnen gegen „Lesewut" und „Lesesucht", von volkserzieherisch Ambi-
tionierten gegen Ende des 18. Jahrhunderts angefacht, richteten sich demgemäß
vornehmlich gegen solcherart publizistische Gebrauchsformen.

Im Laufe des 19. Jahrhunderts, mit dem Aufkommen der „Massenpresse",
geriet der aktuelle Pressemarkt vollends unter kommerzielle Fittiche. Hierzulande
bildete sich mit den „Generalanzeigern" sogar eine direkt vom Konsummarkt
abhängige Sparte. Von diesen Verquickungen konnten sich die Printmedien nicht
mehr lösen. Nur die parteieigene Presse war davon dispensiert, sie diente jedoch
anderen Zwecken und mußte inzwischen fast gänzlich vor dem Markt kapitulie-
ren. Gemeinnützige Ambitionen, eine wirklich unabhängige Presse zustande zu
bringen, scheiterten fast immer; die letzten Versuche wurden in den 70er Jahren,
als kommunikationspolitische Umsetzungen der studentischen Reformbestrebun-
gen und mit dem Anspruch „alternativer Öffentlichkeit", initiiert.

Den später aufkommenden Medien, Film, Radio und Fernsehen, war die
öffentliche, vor allem kulturelle Wertschätzung nie sonderlich gewogen; als
Kulturstifter und Faktoren des geistigen Lebens galten sie zunächst bestenfalls
einer engagierten Minderheit. Allerdings bemühten sich Pioniere der Filmtheorie
schon früh darum, dem Film als (Volks)Kunst Anerkennung zu verschaffen.
Allmählich wuchs wenigstens dem (Kino-)Film kulturelles Prestige zu. Seine
Beiträge werden für die Kunst- und Kulturgeschichte entdeckt und geschätzt,
wiewohl er – gegenwärtig gewiß noch mehr als anfänglich – ein kommerzielles
Produkt ist. Zwar zieht der Kinofilm immer noch große Publika an, aber die
öffentliche Bedeutung, die er bis in die 50er Jahre hinein, zu Zeiten seiner
verbreitetsten Nutzung, inne hatte, erreicht er nicht mehr. Mindestens verlor seine
traditionelle Aufführungsform im Kino zugunsten der elektronischen via häusli-
chem Bildschirm an alltäglicher Bedeutung.

Hörfunk und Fernsehen wurden im Fadenkreuz vielerlei Interessen gegründet,
wobei die wirtschaftlichen – vor allem die der Geräte- und Kommunikations-
industrie, bald aber auch aller Wirtschaftstreibenden – und die staatlichen – als
(militärisches) Propagandamittel – überwogen. Kulturelle Intentionen standen
faktisch hintan, obwohl sie bei jeder offiziellen Gelegenheit emphatisch hervor-
gehoben wurden und werden. Erst nach 1945 erfuhren Hörfunk und Fernsehen
vor allem auf Nachdruck der Briten, die ihr Modell des nichtstaatlichen Gesell-
schaftsrundfunks in Form der BBC durchsetzten, eine weitgehend uneigennützige
und begrenzt autonome Entfaltung. Sie fand ihre Rechtsform im „öffentlich-
rechtlichen Rundfunk" als eine von der gesamten Gesellschaft getragene und
kontrollierte Veranstaltung medialer Öffentlichkeit (vgl. H. Bausch 1980; Stuiber
1998; Dussel 1999).

Ihre Chancen wurden jedoch unter dem Druck des wieder erstarkenden Partei-
eneinflusses, bald auch durch wirtschaftliche Interessen torpediert, und seit den
80er Jahren drohen sie sich mit der anhaltenden Privatisierung und Kommerziali-

sierung in ihr Gegenteil zu verkehren. Vielen Interessengruppen gilt der öffentlich-rechtliche Rundfunk heute nicht mehr als unbedingt erhaltenswert; seine
durchgängige Privatisierung ist künftig nicht mehr auszuschließen. Seine originären, unabhängigen Kultur- und Öffentlichkeitsfunktionen, die ihm vom Bundesverfassungsgericht seit seinem ersten „Fernseh-Urteil" von 1961 zugeschrieben
und danach wiederholt bestätigt wurden, müßten sich dann gänzlich dem Primat
der Ökonomie unterordnen – strikter sicher noch, als dies die öffentlich-rechtlichen Rundfunkanstalten derzeit schon unter den Bedingungen eines gnadenlosen
Konkurrenzkampfes der Systeme tun.

Die Produktionen von Hörfunk und Fernsehen wurden lange Zeit nicht der
Aufbewahrung wert erachtet, so daß ihre Anfänge allenfalls fragmentarisch –
etwa nur bedeutende Hör- und Fernsehspiele – dokumentiert sind (Leonhard
1997). Bis über die 50er Jahre hinaus ließ sich Fernsehen nur mittels des Film-
streifens speichern (Hickethier 1998). Aber seine teuren Produktionen verlangten
vor allem in den USA, bald auch hierzulande nach praktikablen und kostengün-
stigen, elektronischen Aufzeichnungsmöglichkeiten. Als die sogenannte MAZ
(Magnetische Aufzeichnungs)-Technik ab 1956 allmählich eingeführt wurde,
bewirkte sie nicht zuletzt auch einen Bewertungswandel gegenüber dem Fernsehen insgesamt. Über das klassische Schall-Archiv hinaus werden inzwischen
Produktionen für Hörfunk und Fernsehen dauerhaft aufbewahrt und fungieren als
anschauliche Zeitdokumente.

2.2.   Information

Information, d. h. die Verbreitung von aktuellen Nachrichten und von gesellschaftlich relevantem Wissen, ist nach wie vor das wichtigste Potential der klassischen Massenmedien, die sich inzwischen auch Qualitätsmedien nennen. Diese
Aufgabe erfüllen vorrangig die aktuellen Medien, die tägliche Zeitung, Hörfunk
und Fernsehen mit ihren Meldungen und Nachrichten, mit Berichten, Reportagen
und Magazinen. Zugleich befleißigen sie sich unter dem steigenden Druck von
Konkurrenz und Kommerz einer zunehmend unterhaltsamen Atttitüde in Form
und Inhalt. Selbst die Nachrichten bekommen ein gefälligeres Outfit und attraktives Image verpaßt, nun auch „Infotainment" genannt, so daß sich auf Dauer
die Vorstellungen von medialer Information ändern dürften (Schütte 1994;
Brosius 1995).

Gegenteilig werden die digitalen Medien erachtet; sie scheinen Information
als generelles Attribut für sich reserviert zu haben, obwohl ihr Spiel- und Un-
terhaltungsangebot wächst und ihre Nutzung vorrangig vielfältigen unterhaltenden
oder kurzweiligen Bedürfnissen dient und dienen muß. Aber insgesamt firmieren
die digitalen Medien als moderne Prototypen für die vielbeschworene „Informationsgesellschaft", und da sie nahezu für sämtliche Informations- und Kommunika-

tionszwecke verwendet werden können, bietet sich dafür als generalisierende, aber zunehmend inhaltsleere Metapher der Informationsbegriff an, quasi als Synonym für den Austausch von Daten. So nährt sich auch der landläufige Eindruck, Information wachse gewissermaßen automatisch mit der Expansion der Netze und der Zunahme der Verbreitungsmedien, sozusagen als technische Extrapolation einer „Informationsexplosion". Heute wird für ‚Information' häufig auch der noch höhergeschätzte Begriff des Wissens verwendet, so daß Definitionen noch beliebiger ausfallen (Jochum/Wagner 1998; Brosius 1998).

Möglich sind solche begriffliche Konfusionen nur, weil die Semantik von ‚Information' trotz ihrer Gebräuchlichkeit und ihrer vermeintlichen Triftigkeit diffus ist. Ihre Spannweiten reichen von einer objektivistischen Fixierung bis hin zur ihrer fast völligen Relativierung: Der objektivistische Gehalt ist gemeint, wenn Information als ein vorgeblich fixierter, in das jeweilige Medienprodukt implantierter Gehalt verstanden wird, den man mittels Rezeption und Verstehen gewissermaßen herausholt und sich mental einverleibt. Begründet wurde diese Variante durch die Nachrichtentechnik, vor allem durch die beiden amerikanischen Ingenieure Claude E. Shannon (geb. 1916) und Warren Weaver (geb. 1923) von der Bell Telephone Company, die eine „mathematical theory of communication" entwickelten (1949; 1976). Darin verstanden sie Information als mathematisch definierbaren Gradmesser für die Wahrscheinlichkeit oder Unwahrscheinlichkeit einer Übertragung, die durch das Rauschen in der Telegrafenleitung oder durch Abbruch der Übermittlung stets bedroht ist, so daß Ereignisse im nachrichtentechnischen Sinne nicht eintreten. Aus kommunikationswissenschaftlicher Sicht wurde dieser technische Informationsbegriff zunächst nicht grundsätzlich in Frage gestellt, sondern um die Aspekte der Wahrnehmung und der kognitiven Voraussetzungen der Rezipienten ergänzt: Nun gilt Information als Parameter für die Unvorhersagbarkeit und/oder den Überraschungsgrad eines Sachverhalts bzw. für die Fortexistenz oder die Beseitigung von Ungewißheit.

Die konträre Auffassung vertreten am konsequentesten „konstruktivistische Ansätze". Sie bezweifeln oder negieren letztlich die Existenz objektiver Information und sehen sie vorrangig oder ausschließlich als kognitive Leistung des Individuums: So definiert z. B. das 1990/91 gesendete Funkkolleg „Medien und Kommunikation. Konstruktion von Wirklichkeit" in seinem einführenden Glossar, Information sei „weder in der Wirklichkeit noch in den Medienangeboten (Texten oder Bildern) enthalten". Sie kann daher „weder transportiert noch verarbeitet werden" (Merten u. a. 1990, 75; siehe auch Merten u. a. 1994, 3ff. u. 392ff.).

Beide Extreme des Informationsbegriffs dürften nicht befriedigen; dementsprechend müssen (dialektische) Vermittlungen gesucht werden, die die objektiven und subjektiven Anteile jeweils realitätsgerecht verbinden und gewichten. Sie begreifen Verstehen etwa als kognitiv-aktive (Re)Konstruktion, als Vermittlung zwischen dem Vor- und Weltwissen des Subjekts und der neu aufgenommenen Botschaft, wie sie etwa der Psychologe Hans Hörmann (1980, 27) kennzeichnete:

„Wir *erfassen* im Vorgang des Verstehens nicht nur Information, wir *schaffen* auch Information, nämlich jene Information, die wir brauchen, um die Äußerung in einen sinnvollen Zusammenhang stellen zu können."

Gleich wie ‚Information' letztlich definiert und vor allem empirisch verifiziert wird: daß Medien informative Funktionen wahrnehmen, wird nicht bestritten. Sie ergeben sich besonders für all jene Wirklichkeitsbereiche, die nicht, noch nie oder nicht mehr unmittelbar, in direkter Interaktion und Aneignung, von den Menschen zu erfahren sind. Diese Informationsfunktion hat räumliche und zeitliche Dimensionen, wie schon aus der Speicher-, Überlieferungs- und Vermittlungsfunktion deutlich wurde: Denn die Medien überwinden den physisch begrenzten Lebensradius des Menschen und ermöglichen simulative Exkurse an reale und fiktive Orte. In zeitlicher Hinsicht vergegenwärtigen Medien das Vergangene, fingieren das Zukünftige und können Ungleichzeitiges simultan präsentieren. Auch alle Erfahrungs- und Aneignungsweisen, die vom Konkreten abstrahieren, in Zeichen und Symbolen, in Buchstaben und Zahlen, in Bildern und Tönen repräsentiert werden oder die sich auf Kategorien, Modelle und Theorien beziehen, bedürfen der medialen Vergegenständlichung und Vermittlung.

2.3. Selektion und Strukturierung

‚Welten' und Wirklichkeitspartikel über- und vermitteln Medien nicht getreulich, sondern in Ausschnitten, bearbeitet, gewichtet, bewertet – und vieles von ihnen auch gar nicht. Insofern haben Medien selegierende und strukturierende Funktionen. Sie entstehen zum einen dadurch, daß Menschen Medienwirklichkeiten produzieren, auch absichtlich gestalten oder gar tendenziös ausrichten, weil sie es entsprechend ihren professionellen Vorgaben – etwa als Journalisten – tun oder weil sie – nachdrücklicher – damit Kommunikationsintentionen und -zwecke verfolgen. Zum anderen werden Medienrealitäten mehr und mehr von den Mediensystemen als ganze geprägt oder auch kreiert, weil diese Systeme als begrenzt autonome fungieren, mindestens eigenwillig operieren und deshalb oft genug keine erkennbaren Bezüge mehr zur sozialen Realität des einzelnen haben. Die Medientheorie präferiert den Begriff des „Mediendispositivs", da sie in ihm alle Faktoren (Produktion, Inhalte und Rezeption) bündeln: das Mediendispositiv ist ein „Geflecht von Relationen, Bedingungen, Ansprüchen und Normen", „dessen Veränderungen weitgehend der Macht des einzelnen, auch innnerhalb der programmproduzierenden und programmverbreitenden Anstalten, entzogen sind" (Hickethier 1993, 25).

Wird Medienwirklichkeit als willentliches Produkt verstanden, lassen sich die Ursprünge seiner Erforschung bis in die 40er Jahre zurückverfolgen, etwa in die Konzepte des Gatekeeping (oder auch in denen der Werbung und Propaganda, siehe unten Kap. 4.3.2.). Die zweite Sichtweise, die Medienwirklichkeit als unumgängliche Systemfolge begreift, gilt als zeitgemäßere, treffendere und bedient sich systemtheoretischer Ansätze.

2.3.1. Gatekeeping

Das Konzept des Gatekeeping stammt von dem Sozialpsychologen Kurt Lewin (vgl. dazu Weischenberg 1992, 304ff.; 1994, 439f.). Im Rahmen seiner feld-theoretischen Studien in den 40er Jahren, die sich mit der Diffusion von Neuig-keiten und den Veränderungen von Gewohnheiten befaßten, glaubte er, in allen Institutionen soziale und ökonomische Kanäle entdecken zu können, in denen „Pforten" darüber befinden, „was getan und was nicht getan wird" (Lewin 1943; 1963, 222). Den für Lewin noch nebensächlichen Aspekt des Kommunikations-flusses griff der Kommunikationswissenschaftler David M. White (1950) auf, indem er sich fragte, welchen Einfluß Journalisten auf die Nachrichtenauswahl in einer Zeitungsredaktion haben. Damit begründete er die kommunikations-wissenschaftliche ‚Gatekeeper-Forschung', zumal Whites Konzept danach mehr-fach empirisch überprüft und modifiziert wurde.

1973 faßte Gertrude J. Robinson den Stand der 25jährigen Gatekeeper-For-schung in den USA zusammen und unterschied individualistische, institutionale und kybernetische Ansätze: Die individualistischen Studien verstehen in der Tradition Whites die Selektion als persönliche Handlung einzelner Gatekeeper (Journalisten) zwischen Medien-Input (z. B. Agenturmaterial) und Medien-Output (z. B. Zeitungsartikel). Die institutionenorientierten Untersuchungen kon-zentrieren sich auf organisierte ‚Nachrichtenbürokratien', die entsprechend strukturellen Abhängigkeiten innerhalb und außerhalb des Mediums auswählen. An diesen Entscheidungen wirken die Beteiligten gemäß ihrer institutionellen Rollen mit, insbesondere fungieren Verleger und Chefredakteure als Gatekeeper. Doch auch dieses Modell kann die vielfältigen Interdependenzen, die in der Medienbranche herrschen, nicht hinreichend abbilden. Robinson favorisiert daher eine kybernetische Sichtweise, in der alle an der Nachrichtenproduktion Beteiligten in ein Organisationssystem eingebunden sind, das sich über einen permanenten Kommunikationsfluß – über „feedback"-Schleifen – selbst reguliert und die jeweilige Nachrichtenselektion in einem labilen Gleichgewicht hält. Gatekeeper bestimmen in diesem Modell den Informationsfluß nicht mehr wil-lentlich, sondern werden innerhalb und außerhalb der Redaktion durch diverse Mechanismen dirigiert. Allerdings sind Systemgrenzen und -einflüsse kaum eindeutig zu identifizieren und erschöpfend zu definieren, weshalb diesem Modell vorgeworfen werden kann, es vernebele Verantwortlichkeiten und an-onymisiere sie zu Sachzwängen.

2.3.2.   Systemische Selektionsleistungen

Auf abstraktem Niveau fragen systemtheoretische Ansätze vorzugsweise nach den funktionalen Leistungen für die Systemstabilität, und zwar sowohl für das Subsystem der Medien wie für die Gesellschaft als ganze. Die Identifikation und Explikation von Ursachen, erst recht von konkreten Anteilen der Urheber treten hingegen in den Hintergrund. Im wesentlichen lassen sich drei Systemleistungen unterscheiden (die mit Funktionen aus anderen theoretischen Konzepten übereinstimmen, aber auch quer zu ihnen liegen können):

1. Medien selegieren und strukturieren Medien-Welt und -Wirklichkeit in *sachlicher* Hinsicht: Sie filtern und (re)konstruieren Wirklichkeiten, die sie den Rezipienten als gesellschaftlich relevante, mehrheitlich akzeptierte oder mehrheitsfähige, handlungsleitende Abbilder und/oder Interpretationen empirischer Wirklichkeit anbieten. Unbedingt zutreffend oder gar wahrhaftig müssen die medialen Repräsentanzen nicht sein, wenngleich die Medien sie meist als solche suggerieren. Jedenfalls orientieren sie das Denken, Fühlen und Handeln der Menschen auf jene Repräsentanzen hin. Hinter solchen Usancen stecken primär keine Willkür, auch kein böser Wille – etwa im Sinne des (in den 70er Jahren häufig vorgebrachten) Manipulationsverdachts –, sondern zuallererst systemische Konditionen, die sich aus Gesetzen der Wahrnehmung und Aneignung von Wirklichkeit, aus technischen Bedingtheiten, aus arbeitsteiligen Rollen und professionellen Deutungsmustern, aber auch aus ökonomischem und politischem Kalkül ergeben.

2. *Zeitliche Strukturen* prägen die Medien vor allem durch ihre periodischen Erscheinungsweisen, die elektronischen Veranstaltungsmedien verstärken sie durch ihre allgegenwärtige Einpassung in die sequentielle Abfolge des Alltags. Dadurch erfährt dieser obendrein markante Zäsuren: täglich durch bestimmte Erscheinungstermine und Rezeptionsgewohnheiten, außerdem in wöchentlichen, monatlichen, aber auch in jahreszeitlichen Rhythmen. Was früher Kirche, Brauchtum und Feste, meist unter konstruktiver Beteiligung der Mitglieder und Partizipanten, besorgten – sie tun es heute nur noch für eine Minderheit –, liefern nun die Medien freihaus, konfektioniert und zugleich konstitutiv für ihr eigenes, unverwechselbares Outfit. Viele Ereignisse in Sport und Politik, die öffentliche Aufmersamkeit erreichen wollen, orientieren ihre Termine und Abläufe an den Zeitvorgaben der Medien.

Umgekehrt passen sich vor allem die elektronischen Programm-Medien mithilfe demoskopischer Nutzungsforschung reibungslos in den Alltag ein. So hat sich die Mediennutzung weitgehend routinisiert, und für ein neues Medium ist es zugleich schwierig und wichtig, in den meist fixen Strukturen einen eigenen Platz zu finden. Die digitalen Medien sollen den Rezipienten ihre Zeitsouveränität erst recht zurückgeben: etwa als Fernsehen mit individuellem Abruf („on demand"). Ob die Menschen diese Freiheit tatsächlich (noch) nutzen (können), bleibt abzuwarten. Am ehesten gelingen Nutzungsänderungen bei den nachwachsenden Generationen, für die ein anderer Medienkonsum nicht zuletzt als Unterscheidungsmerkmal gegenüber den Mustern ihrer familialen Sozialisation fungieren mag, von denen sie sich demonstrativ lösen wollen. So setzen neue Medien meist auf Jüngere als jeweilige Trendsetter, und diese verstehen sich auch häufig so.

3. Schließlich nehmen Medien Selektionen und Strukturierungen in *sozialer* Hinsicht vor: Als periodische und Veranstaltungsmedien führen sie (immer noch) Menschen zu Publika zusammen und figurieren sie mindestens zeitweise als solche: ob präsent wie im Kino oder jeweils räumlich verstreut vor dem Bildschirm. Als Zielgruppen für Inhalte, Formate und Werbeappelle werden die Menschen noch exakter aufgeteilt; als Fangruppen für bestimmte Programme, Produkte und Stars erklären sie sich oftmals selbst. Von den Moderatoren und „anchor persons" in Hörfunk und Fernsehen werden sie direkt als vorgeblich präsentes Publikum angesprochen und zum „Dranbleiben" aufgefordert. Solche personellen Markenzeichen werden in der Flut der Angebote immer wichtiger; sie sichern Aufmerksamkeit, dem knappsten Gut in der überbordernden Medienflut, sie ermöglichen Unterscheidbarkeit, sichern emotionale Bindungen, Medien- und Kanaltreue.

Ebenso versehen die Medien die für sie arbeitenden und in ihnen präsenten Personen mit öffentlicher Popularität, mit Prominenz und Glaubwürdigkeit, stilisieren und inszenieren sie als Stars und Idole, enthüllen aber zugleich ihr Privatleben bis hin zu intimen Details und erheben ihre Meinungen und Gewohnheiten, ihre Launen und Amouren, ihre Weisheiten und Ratschläge zu öffentlichem Wissen. Diese Attribuierung bekommen und verlangen heute fast alle, die gesellschaftlich etwas bewirken wollen: Nur noch der ist öffentlich präsent, gewinnt Resonanz und Einfluß, der in den Medien kursiert. So ergeben sich jeweils zirkuläre Interdependenzen, denen keiner in der Mediengesellschaft mehr entgeht und die inzwischen öffentliches Verhalten wie öffentliche Erscheinung fast aller prägen. Letztlich sind es weniger Strukturierungen, die die Medien anbieten, als jeweils aktuelle, willkürliche Kumulationen öffentlicher Aufmerksamkeitsköder. Aber da die Medien sie mit ihren wirksamen Accessoires und ihrer publiken Aura ausstatten, erscheint ihre öffentliche Präsentation gewissermaßen zwingend, fast logisch – so daß sie vom Publikum kaum mehr als beliebig oder nur als bestimmten strategischen Zielen dienend wahrgenommen werden. Denn ihre öffentliche Bedeutsamkeit setzen die Medien, und die läßt sich kaum mehr anzweifeln.

2.4. Orientierung

Selektion und Strukturierung von Wirklichkeit sollen nicht zuletzt der möglichst breiten Orientierung des Publikums in allen Lebensbereichen dienen. Dabei läßt sich unterscheiden zwischen der erklärten Beratung, wie sie etwa dem öffentlich-rechtlichen Rundfunk – außer Information, Unterhaltung und Bildung – gesetzlich aufgetragen ist (ARD/ZDF 1997, 32), und einer zunehmenden allgemeinen Orientierung als übergreifende Maxime, die heute auch gern als Service bezeichnet wird. Sie reicht von einfachen Tips, von Beratung, Animation, Marketing, Produkt- und Dienstleistungsofferten (oft in engem Kontakt mit Werbekampagnen) bis hin zur vorgeblich therapeutischen, aber vielfach nur vorgegaukelten Lebenshilfe in medialen Sprechstunden und Talkshows.

Offenbar reagieren die Medien damit auf den steigenden Bedarf des Publikums, das sich in einer komplizierten und risikobehafteten Welt zurechtfinden muß. Zum anderen hat sich mediale Lebenshilfe selbst als attraktives Instrument im Konkurrenzkampf der Medien als effektives Markenzeichen der Medien untereinander formiert. An seiner Wertigkeit und Effizienz läßt sich der Funktions- und Nutzungswandel der Medien paradigmatisch erkennen. Sie fungieren immer weniger als Faktoren einer kritischen Öffentlichkeit, als Wahrnehmer von Kritik und Kontrolle, als sie eher Begleiter und Hilfen im und für den privaten Alltag geworden sind. Diesen Tendenzen beugen sich zunehmend auch gestandene Journalisten etwa aus den Nachrichtenressorts, die einst solche Orientierungshilfen als Trivialisierung ihres Informationsauftrags und ihres Wächteramts, als Anbiederung an das Publikum abgelehnt oder zumindest belächelt haben (Weischenberg u. a. 1994, 167ff.). So werden in allen Medien und Gattungen inzwischen anschauliche und attraktive Informationselemente geschätzt, die die Aufmerksamkeit steuern und das Verständnis unterstützen sollen: Infografiken sind nicht mehr nur im Fernsehen, sondern mit der wachsenden Computerisierung in allen Druckmedien vermehrt zu finden. Layouts werden rezeptionsfreundlicher und finden in der wissenschaftliche Beobachtung als sogenannte Clusterformen, d. h. als vielfältige Kombinationen aus Texten und Bildern und als Aufgliederungen des Inhalts in verschiedene Textvariationen, Beachtung.

Seriöse Bildung und Beratung nehmen die Medien hingegen immer weniger als ihre originären Aufgaben wahr. Sie gelten als spröde, unattraktiv und nicht mediengerecht. Insbesondere die kommerziellen Medien halten sie für abträglich, aber auch die öffentlich-rechtlichen Anstalten haben sie als Minderheitenprogramme auf marginale Kanäle und Sendeplätze abgeschoben oder ganz abgeschafft. Sachliche Orientierungen erzeugen die neuen, interaktiven Medien noch vielfältiger, so daß sie – ähnlich wie bei den anderen Funktionen – kaum mehr allgemein beschrieben werden können. Mit ihnen mehren sich vielfältige Service-Angebote: Datenbanken fungieren etwa als individuell abrufbare Auskunfteien und Bibliotheken, viele alltägliche Besorgungen lassen sich „online" klären und ausführen.

Ob die Menschen sich künftig besser orientieren und orientiert fühlen, hängt zum einen von ihrer individuellen Kompetenz ab, die unzähligen Optionen zu nutzen; zum anderen werden solche Kompetenzen und ihre subjektive Verfügbarkeit beeinflußt vom Angebot, von der Vollständigkeit, Übersichtlichkeit und Zielgerichtetheit der offerierten Orientierungen. Mit diversen Strukturhilfen von seiten der Provider, mit Suchmaschinen und anderen Navigationshilfen sucht man diese Ziele in den wachsenden Informationsmassen zu erreichen. Dennoch häufen sich die Klagen über Informationschaos und „-müll", über kognitive Überforderungen, mindestens über langwieriges, wenn nicht vergebliches Suchen in Online-Diensten und im Internet. Auch der gängige Ausdruck für solche Recherchen, nämlich „Surfen", indiziert eher das ziellose Umherirren, selbst wenn es für viele recht vergnüglich und herausfordernd ist. An effizienteren, schnelleren Informationstransfers wird deshalb gearbeitet. Doch damit müssen noch komplexere Datenstrukturen entwickelt werden, die weitere Kapazitätssteigerungen in den Rechnern und Netzen erfordern.

Generell wird befürchtet, daß die Überfülle an verfügbaren Daten und Informationen derzeit und erst recht künftig bei vielen eher zur Desorientierung führt und sie deshalb mehr oder weniger einfache, übersichtliche, aber letztlich irreführende Erklärungsmuster gleich welcher Herkunft bevorzugen. In Studien und Diskussionen, ob die Wissenkontingente und damit die Orientierungskompetenzen in der Bevölkerung auseinanderdriften und welche sozialen wie medialen Faktoren dafür verantwortlich sind (s. u. Kap. 2.10.3. u. 4.2.3.), werden solche Tendenzen angesprochen, bislang allerdings noch recht pauschal und mit geringem empirischem Gehalt (Bonfadelli 1994; Wirth 1997; Brosius 1998).

2.5. Kritik und Kontrolle

Grundlegende orientierende und urteilsbildende Aufgaben der Medien sind die normativen und demokratiebezogenen Anforderungen, die sie entsprechend der verfassungsrechtlichen Bestimmungen, für die Meinungs- und Informationsfreiheit (Art. 5 GG), zu erfüllen haben. Sie gipfeln programmatisch in der Kritik- und Kontrollfunktion, die sogar in die Balance der politischen Gewalten einbezogen wird. Aus systemtheoretischer Sicht haben Medien eher ein etabliertes Staats- und Gesellschaftssystem – etwa die parlamentarische Demokratie – funktionsfähig zu halten und den Individuen demokratiekonforme Handlungskompetenzen zu vermitteln. Stabilisierung und Legitimation gelten daher als vorrangiger als Kritik und Kontrolle.

Im Verfassungsverständnis bleiben Kritik und Kontrolle trotz aller Kommerzialisierung und marktstrategischer Indienstnahmen, trotz dominanter Unterhaltungsorientierung und Affinität zur Werbung konstitutiv für die Bedeutung und Bestimmung von Medien in der Demokratie: Denn nicht nur als „Medium", sondern als „eminenter ‚Faktor' der öffentlichen Meinungsbildung" und deshalb in dieser Funktion nicht weniger wichtig als die Presse definierte das Bundesverfassungsgericht den Rundfunk in seinem berühmten ersten „Fernseh-Urteil" vom 28. Februar 1961, das zu einer Art Grundgesetz für die Rundfunk- und damit zur Medienverfassung in der Bundesrepublik geworden ist. Zur politischen Bewußtseinsbildung tragen die Medien bei, indem sie nicht nur informieren, sondern auch Willensbildungsprozesse anstoßen, ihnen öffentliche Resonanz verschaffen sowie die Regierenden immer wieder zur Transparenz und zur Rechtfertigung von Entscheidungen zwingen. Schließlich eröffnen die Medien gewisse Chancen der politischen Partizipation, der Einflußnahme und des Einspruchs der Regierten gegenüber den Regierenden, soweit sie sich die Sache der Rezipienten zu eigen machen und nicht mit den ‚vested interests‘ paktieren. Aus all diesen Aufgaben leiten sich die rechtlichen Privilegien ab, die Medienmacher in Anspruch nehmen dürfen: etwa die Auskunftspflicht der Behörden und das Zeugenisverweigerungsrecht.

Da die Medien diese öffentlichen Aufgaben ohne hinreichende repräsentative Legitimation wahrnehmen, sondern nur aufgrund des Konsums und Zuspruchs ihrer Rezipienten, halten Kritiker diese Normierung für fragwürdig und anerkennen sie nicht als eigenständige verfassungsrechtliche Funktion. Vielmehr müsse sie als Stellvertretung für die Wähler verstanden werden, die sich in einer Mediendemokratie nicht selbst gebührend präsentieren können und für die Wahrnehmung ihrer Interessen und Anliegen der medialen Verstärkung und Verbreitung bedürfen. Gemeinhin nehmen die Medien (nur) ein öffentliches Wächteramt bei funktionalen Mängeln und Fehlentwicklungen, bei Risiken und Unverantwortlichkeiten von öffentlichen Institutionen und Privatleuten wahr, soweit deren Interessen und Handlungen von öffentlichem oder kollektivem Belang sind. In Strategien und Methoden des investigativen Journalismus, also des nachdrücklichen Aufspürens struktureller Mißstände und persönlicher Verfehlungen, wie er besonders in den angloamerikanischen Ländern gepflegt wird, wird dieses publizistische Selbstverständnis praktisch realisiert.

2.6.   Integration

Untersucht man, ob und in welchem Maße Medien soziale Strukturen und Beziehungen konstituieren und stabilisieren, vor allem ob und inwiefern sie ihnen Konsistenz und Kohäsion verleihen, schreibt man den Medien integrative Funktionen zu – oder verlangt sie von ihnen. Auch diese Funktionskategorie umfaßt verschiedene Aspekte (und überschneidet sich deshalb mit anderen): zum einen die bereits genannten verfassungsrechtlichen und demokratietheoretischen, zum anderen die funktionalistischen, letztlich aber auch normative, die als ethische Verpflichtungen an die Medienverantwortlichen und -produzenten herangetragen werden (Maletzke 1980; 1987). Die anhaltende Tendenz zur multikulturellen Gesellschaft erfordert außerdem ethnisch-kulturelle Integration; mit der wachsenden Globalisierung und weltweiten Vernetzung sollen sich anachronistische Gesellschaften nicht nur modernisieren, sondern auch in internationalen Austausch treten und sich den globalen Standards angleichen (Mekkel/Kriener 1996).

Aus sozialwissenschaftlicher Sicht werden vornehmlich funktionalistische Zusammenhänge oder auch Postulate – zum „Erreichen des Wünschenswerten" (Maletzke 1987, 162) – aufgestellt. Sie zielen darauf ab, daß die strukturierten Medienwirklichkeiten und die einhergehenden kollektiven Orientierungen sozialen Zusammenhalt insofern zeitigen, als die Medien fortwährend Themen, Wissensbestände, Wertorientierungen und Handlungsmaximen vermitteln, die als gemeinsame Bedeutungshorizonte firmieren und auch derart angenommen werden. Viele Themen, über die Menschen reden, sind von den Medien induziert, viele Moden und Kampagnen, die soziales Handeln bestimmen, sind von ihnen lanciert. Medien bestreiten oder beeinflussen die „Agenda" (Tagesordnung) der öffentlichen Diskussionsströme und Themen – wie es eine jüngere Variante der Wirkungsforschung thematisiert (s. u. Kap. 4.2.4.).

In globaler Hinsicht sollen Medien zwischen Gesellschaften und Staaten unterschiedlicher Entwicklungsstadien und Zielsetzungen integrieren. Welche Modernisierungsschübe sie in den Entwicklungsländern etwa bei der Nationbildung und kulturellen Identitätsfindung bis hin zur Anerkennung und Verbreitung einer gemeinsamen Standardsprache auslösen oder wenigstens befördern, ist zwar schon vielfach thematisiert worden, kann aber nur von Fall zu Fall ermittelt werden.

Andererseits führen die weltweite Verbreitung universaler Medien und ihrer weitgehend standardisierten Programme dazu, daß nationale Identitäten und kulturelle Besonderheiten erodieren, wenigstens beeinträchtigt und überlagert werden. Wenn sie unter dem Diktat einer hegemonialen, freilich selbst schon weitgehend entspezifizierten Kommerzkultur – vor allem einiger weniger US-Konzerne – nivelliert oder gar uniformiert werden, kennzeichnen diese Tendenzen eine überaus bedenkliche Art der Integration, die die internationale Kommunikation nicht bestärkt, sondern veröden läßt.

Schließlich kann ein Übermaß an verschiedenen, in der Regel nur oberflächlich differierenden Medienangeboten desintegrative Orientierungen und Bindungsverluste heraufbeschwören. Daß sich die hochmodernen westlichen Gesellschaften mehr und mehr pluralisieren bzw. segmentieren, wie die Soziologie allenthalben entdeckt (Beck 1986, 121 ff.), mag auch mit den von den Medien pausenlos beschworenen Teilpublika, Fangruppen und ‚specials interests' zusammenhängen, wie umgekehrt die Medien auf all diese sozialen Tendenzen hochsensibel reagieren und sich in ihren Angeboten darauf einstellen. Die daran kognitiven Aspekte diskutiert die Medienwirkungsforschung etwa unter dem Schlagwort der „wachsenden Wissenskluft" (s. u. Kap. 4.2.3.).

Ob die Desintegration multikultureller und sozial auseinanderdriftender Gesellschaften durch Medien aufgehalten, mindestens symbolisch vermittelt werden kann, ist daher fraglich. Dennoch werden solche Forderungen – zumal in der Öffentlichkeit – immer wieder gestellt und besonders von den (noch) universell fungierenden Medien wie dem öffentlich-rechtlichen Rundfunk erwartet. Wahrscheinlicher ist, daß sich die einzelnen Gruppen, soweit sie sich öffentlich

artikulieren können, spezifische Medien schaffen und damit die schon mächtige
Tendenz zur medialen Gruppenkommunikation verstärken. Nahezu unbeachtet
bleiben jedoch die Minderheiten, die sich nicht medial und öffentlich artikulieren
können. Sie mögen in den neuen Online-Medien Nischen finden, bleiben aber
dennoch außerhalb des öffentlichen Mainstreams. Daher dürfte die noch immer
sympathische Vision von einem gemeinsamen gesellschaftlichen Diskurs aller via
Medien mehr und mehr zu einem hehren, aber unrealistischen Ideal gerinnen. Integration mittels Medien funktioniert wohl nur noch als Moment und Reflex der
realen sozialen und kulturellen Integration – unter Wahrung kultureller Vielfalt
und Identität.

Überzeugende wissenschaftliche Belege über mögliche Integrationsleistungen
der Medien sind rar. Dies gilt sowohl für die innergesellschaftlichen Tendenzen
der hochentwickelten, mit einem ausgebauten Mediensystem versehenen Gesellschaften wie auch für die kulturelle Identitätsfindung und Nationbildung der
Entwicklungsländer. Kurzfristige Programme – etwa mittels der Verbreitung des
Hörfunks eine einheitliche Standard- (oder National-)Sprache durchzusetzen –
schlugen letztlich fehl, oder ihre prognostizierten Wirkungen sind nicht zweifelsfrei, d.h. unter Gewichtung aller relevanten Faktoren, zu belegen (vgl. Schiller 1984; Kleinsteuber 1994).

2.7.   Mediale Unterhaltung omnipräsent

Je mehr sich Medien verbreiten und insgesamt den Alltag durchsetzen, je mehr
Kommerz und Werbung Erfolg und Inhalte bestimmen, je mehr gewohnte Tätigkeiten und Entspannnungen mediatisiert werden und dadurch unmittelbare Ge-
pflogenheiten verdrängen, mindestens ergänzen, je mehr auch die neuen Online-
Medien die traditionellen Massenmedien substituieren und mit ihnen zu Multimedia fusionieren, desto mehr scheinen die unterhaltenden Funktionen und Aus-
richtungen überhand zu nehmen; desto mehr verbreiten und verdichten sich
Eindrücke und Urteile, Medien dienen nur noch der puren, mehr oder weniger
einfallslosen Unterhaltung und übertönen buchstäblich alle anderen Intentionen:
Wir amüsieren uns zu Tode, behauptete der amerikanische Medienkritiker Neil
Postman 1985 recht eingängig, plazierte damit sinnigerweise einen Bestseller auf
dem Buchmarkt und meinte damit: Alles, was unter die technischen wie kommerziellen Fittiche des Fernsehens gerate, verkomme zum Unterhaltsamen, zum
Beliebigen, zum Unverbindlichen. Inzwischen glänzt nahezu jede Medienkritik
mit diesem Bonmot, das nur noch vom Verdikt Hans Magnus Enzensbergers
(1988) übertroffen wird, das Fernsehen sei ein „Nullmedium", weil es nichts,
aber auch gar nichts biete, was Menschen angehe.

Neu sind solche Schmähungen nicht; sie trafen schon alle kulturellen Manifestationen und Medien. Letztlich sind sie davon bestimmt, wie man den ebenfalls

diffusen Begriff der Unterhaltung faßt: Dem Rundfunk ist die Wahrnehmung und
Verbreitung von Unterhaltung neben Information, Bildung und Beratung als eine
seiner vier publizistischen Grundfunktionen in die jeweiligen Gesetze geschrie-
ben. Mit dem Fernsehen und seiner bunten Bilderwelt ist die Unterhaltungsfunktion ins Zentrum der Betrachtung und in Verruf wie nie zuvor geraten. Mehr
und mehr prägt das Entertainment die gesamte Medienproduktion, firmiert als
absoluter Maßstab für Akzeptanz und Erfolg. Forciert haben diesen Trend die
privatkommerziellen Anbieter seit den 80er Jahren, die sich unter dem Diktat der
Einschaltquoten nur noch dem Unterhaltsamen verpflichtet sehen bzw. alle
Programme als amüsant und kurzweilig ausgeben, um damit höchstmögliche
Reichweiten und Akzeptanzen zu erzielen. Künstlich gebildete Maximen wie
„Infotainment" (Information and Entertainment) oder „Edutainment" (Education
and Entertainment) signalisieren ebenfalls dieses Bestreben.

Somit sind mindestens zwei Bedeutungskreise von Unterhaltung zu unterscheiden: der konventionelle, der noch einen Unterschied zu Information, Bildung
und Belehrung kennt (oder sich mit diesen Intentionen nur mit Bedacht zusam-
mentut), und der zeitgenössische, inflationäre, der die gesamte Massenkommunikation unter seine Ägide stellt und eigentlich genauer mit Resonanz, Gefälligkeit,
Verkäuflichkeit und Marketing übersetzt werden sollte. Fraglos will auch die
herkömmliche Unterhaltung beachtet und genossen werden, aber nicht um jeden
Preis, nicht auf jedem Niveau, nicht mit jeder Strategie. Die Unterhaltung heutigen Zuschnitts aber scheint vielfach Wertkriterien und kognitive Ansprüche zu
ignorieren und allein auf Attraktion und Effekt zu setzen.

Im Laufe der Kultur- und Mediengeschichte haben sich immer wieder probate
Köder und gefällige Muster bewährt, mit denen Unterhaltung gemacht wird: im
wesentlichen Klatsch und human touch, action, sex and crime, persönliche
Schicksale mit allerlei tragischen Verstrickungen, Unfälle, Katastrophen oder
auch sentimentale Tiergeschichten. Unzählige Medien haben davon schon profi-
tiert, und heute tun es noch mehr und und wohl auch ungenierter.

Auch die neuen Online-Medien werden – zumindest in ihren wachsenden Pro-
gramm-Komponenten – nicht allein mit sachlicher Information reüssieren, da für
sie nicht die erforderlichen Preise am privaten Markt zu erzielen sind. Nach
Schätzungen werden die größten Umsätze, aber auch die höchsten Gewinnspan-
nen im Internet mit erotischen Daten aller Art bis hin zur harten Pornografie und
mit Computerspielen erzielt, die aus dem Netz heruntergeladen werden.

Daher scheint die Spirale nach unten, die ungebremste Qualitätsminderung,
unaufhaltsam. Aber solche Wertungen setzen Begriffe und Kriterien für die Qualität von Medien und Programmen voraus. Sie zu finden und vor allem konsen-
suell wie transparent zu begründen, nehmen sich inzwischen etliche theoretische
Ansätze vor. Qualität dürfte sich jedoch – wie andere Kategorien der Kulturgeschichte – nicht deduktiv ermitteln lassen. Vielmehr ergibt sie sich bestenfalls als
vage Schnittstelle zwischen kulturgeschichtlichen Traditionen, wissenssoziologi-

schen Zeitströmungen, zumal bestimmter sozialer Meinungsträger, und ästhetischen Konstellationen, die ihre speziellen Kriterien besitzen.

Unterhaltung ausschließlich als „narkotisierende Dysfunktion" der Massenmedien anzuprangern, wozu sich die Sozialforscher Paul F. Lazarsfeld und Robert
K. Merton (geb. 1910) bereits 1948 verleiten ließen, dürfte heute kaum noch als
angemessen erachtet werden – obwohl die von ihnen damals monierten Tendenzen heute ungleich mächtiger und signifikanter sind (Lazarsfeld/Merton 1973).
Dennoch ist die Forschung zur Unterhaltungsfunktion der Medien bis heute
weitaus spärlicher und ertragsärmer als zu anderen Funktionen der Medien
geblieben (Kübler 1975, 251ff.; Bosshart/Hoffmann-Riem 1994). Gründe dafür
liegen aber nicht nur, vielleicht nicht einmal vorrangig in den fehlenden empirischen Erhebungen, sondern in der schwierigen Faßbarkeit des Phänomens überhaupt. Denn die Intentionen oder Sichtweisen der Produzenten divergieren häufig
von den Wahrnehmungen und Interpretationen der Rezipienten: Das, was unterhalten soll, muß nicht unbedingt, mindestens nicht alle unterhalten; und das,
was nicht unterhalten soll, unterhält einige und nur gelegentlich alle.

Zur Erklärung von Motiven und Emotionen, die Unterhaltung hervorrufen,
lassen sich viele sozial- und individualpsychologische Ansätze heranziehen:
Unterhaltung kann Entspannung und Beruhigung bedeuten, wenn der Alltag mit
Stress und Aufregung angefüllt ist. Ebenso kann Unterhaltung Anspannung,
vielleicht sogar „thrill", also Nervenkitzel und Angstlust, beinhalten, freilich nur
soweit, wie sie für den einzelnen sicheren Ausgang und persönliche Unversehr-
heit vorsieht. Gänzliche Ablenkung oder Evasion, das mentale Fliehen aus der
gewohnten Realität oder zumindest der Wunsch dahin (Eskapismus), das zeit-
weilige Hineinversetzen in eine sympathische und/oder faszinierende Figur
(Identifikation) oder der gedankliche Transfer persönlicher Wünsche, Ideale und
Phantasien auf ein Medienidol (Projektion) sind ebenfalls Prozesse und Gefühle,
die unterhaltend oder ergötzlich sein können. Außerdem können Rezipienten
‚mitleiden', sich stellvertretend Emotionswallungen oder sogar rückhaltlosen
Gefühlsausbrüchen hingeben, wenn die Szenarien dazu animieren und so empfunden werden, und auch dieses terminierte, aber im Moment völlige Involviertsein
läßt sich als unterhaltsam erleben.

Die gesamte Medienwelt mit ihren Romanzen, Melodramen, Abenteuern,
Tragödien, Heldengeschichten und Schicksalen bietet dafür ein ebenso über-
wältigendes wie beeindruckendes Arsenal. Bleibt es bei temporären, noch einigermaßen bewußten, emotionalen Übereinstimmungen zwischen medialen Unterhal-
tungsangeboten und subjektiven Bedürfnissen, werden sie als befreiend, lösend
und klärend empfunden. Halten indes die medial induzierten Erregungs- und
Emotionssteigerungen an, sind neurotisierende und pathogene Konsequenzen
nicht auszuschließen.

Was Unterhaltung ist – besser: als solche erlebt wird –, bestimmt sich vorrangig vom Ergebnis her: ein Gefühl der Befriedigung, Beruhigung oder auch

Erschöpfung, mag es für die einen sein, für die anderen Erregung, Anregung oder Anstoß zur Imagination und Phantasiebildung. Klar ist damit, daß Unterhaltung stark auf Emotionen und Affekte abzielt. Kognitive Komponenten sind zwar involviert, aber wohl selten dominant. Umgekehrt werden die Medien inzwischen dafür verantwortlich gemacht, daß Individuen, besonders Jugendliche, nach außen zunehmend emotionsloser und distanzierter – ‚cooler‘ – auftreten. Wenn pausenlos – so der Vorwurf – Sentimentalitäten und Affekte aufgedrängt werden, dann könne sich die menschliche Psyche nur noch mit Ungerührtheit und Gefühlskälte dagegen wehren und ein Stück weit dagegen immunisieren. Aber solche Spekulationen gründen letztlich auf weitreichende, ja generelle und anhaltende Wirkungsvermutungen, die eine zumal auf diesem Gebiet kärgliche Forschung (noch) nicht verifizieren kann.

2.8.   Medien als Kultur – Kultur als Medium

Daß Medien kulturelle Leistungen der Menschen sind und kulturelle Produkte speichern, verbreiten, immer wieder aktualisieren – einem elitären, antimedialen Kulturbegriff war diese Ansicht lange verstellt. Am vehementesten verfochten zuletzt die Vertreter der Kritischen Theorie die Antinomie zwischen Kunst und Kultur auf der einen und Medien auf der anderen Seite, die sie in ihrem amerikanischen Exil als ausschließlich kommerzielle und bedrohlich grandiose Kulturindustrie erfahren haben: „Neu aber ist, daß die unversöhnlichen Elemente der Kultur, Kunst und Zerstreuung durch ihre Unterstellung unter den Zweck auf eine einzige falsche Formel gebracht werden: die Totalität der Kulturindustrie" (Horkheimer/Adorno 1969, 144).

Kulturindustrie vollendet die Kommerzialisierung alles Geistigen, deformiert sie gänzlich zu Waren: Solange Kultur und Kunst noch zwischen Markt und Autonomie oszillieren und den utopischen Vorschein auf Aufklärung und Emanzipation in sich bergen, verfügen sie über Authentizität und Aura. Kulturindustrie verzweckt und vereinnahmt sie gänzlich, und die modernen Medien fungieren dafür als mächtige Vehikel und massenattraktive Katalysatoren. Da scheint es nur noch konsequent zu sein, daß sich die Begriffe verkehren: Denn inzwischen hat der Kulturbegriff seine normative, kritische Bedeutung (fast) verloren. Er gilt allgemein als Gegenpol zur Natur, als Produkt des Menschen und schließt damit Medien als kulturelle Leistungen sowie als mächtige, wenn nicht wichtigste Vermittler von Kultur ein. Schon erachten forsche Zeitgenossen Werbung als die bedeutendste, mindestens ästhetisch progressivste Kunstform, neben der die traditionellen Künste in Kühnheit und Wirkung verblassen (Kloepfer/Landbeck 1991). Die technischen Optionen von Multimedia und digitaler Netze inspirieren derzeit viele künstlerische Visionen und Schaffenprozesse: „Cyberart" ist eine der Varianten virtueller Imaginationen (Rötzer 1991; 1997).

Die kulturellen Dimensionen von Medien und Medienrezeption zu erkennen und insbesondere die Mediennutzung ethnographisch, im Kontext alltäglicher Lebensweisen und subjektiver Lebensstile zu begreifen, nehmen sich inzwischen in den USA und in Großbritannien „cultural studies" vor, die nun auch hierzulande rezipiert werden (Krotz 1992b, Hepp/Winter 1997; Jäckel/Peter 1997). Ohne die Tradition hiesiger Medien- und Kulturkritik hinreichend zu berücksichtigen, ist ihr kulturtheoretischer Ansatz grosso modo ein eher alltagsweltlicher und konstruktivistischer: Im Gegensatz zur etablierten Mediennutzungsforschung wollen sie nämlich die Ganzheitlichkeit von Medienrezeption eher interpretativ, im Rückgriff auf vornehmlich qualitative empirische Daten, erfassen und lehnen die übliche Partikularisierung in Kommunikator und Rezipient, in Mediennutzung und -wirkung ab. Vielmehr erachten sie Kommunikation – auch die über Medien – als Verständigung, als symbolischen Vermittlungsprozeß, den Individuen im Kontext ihrer Gesellschaft und Kultur leisten. Damit formulieren die Vertreter der „cultural studies" unter ihrem Label Gedanken, die hierzulande im Kontext alltagsweltlicher sowie qualitativer Forschung erwogen werden (s.u. Kap. 3.5. u. 4.2.5.).

Neben solch weiten oder ethnographisch grundierten Kulturbegriffen wird für die Medien aber auch am traditionellen festgehalten: Die Feuilletons der Presse pflegen ihn, und wenn im Fernsehen Kulturmagazine ihren Sendeplatz für eine Talkshow räumen müssen, dann wird – selbst von offizieller Seite – mit bewährtem Gestus darüber lamentiert, daß auch dieses Medium immer mehr Kultur einbüße: Kultur im Fernsehen und Fernsehen als Kultur bleiben mithin als endlos zu traktierendes Thema auf der Tagesordnung. „Nimmt man alle Übertragungen von Oper- und Theateraufführungen, Kabarettprogrammen und Konzerten, sämtliche Wissenschaftssendungen, Berichte von internationalen Filmfestivals, Künstlerporträts und politisch-literarische Diskussionsrunden zusammen, so ergibt sich durchaus nicht das Bild eines kulturlosen Verblödungszusammenhangs namens Fernsehen", tröstete *Der Spiegel* (52/1997, 187).

Begriff und Bewertung von Kultur und Kunst bleiben also nach wie vor ambivalent, sie lassen sich eher in historischer Rekonstruktion verorten als in normativen, synchronen Koordinaten. Insofern dürften gerade die Medien mit ihren ungeheuren Modernisierungspotentialen noch manche begriffliche und wertende Modifikation erleben. Und ob die Medien originäre kulturelle Funktionen oder gar Essenzen haben oder eben nur sekundäre oder gar imitierende, dürfte noch lange – je nach Sichtweise – umstritten sein. Je länger die Medien nunmehr existieren und kulturell wirken, um so nachhaltiger und evidenter werden ihre kulturellen Funktionen, um so weniger kann man ihnen eigenständige Ästhetik, spezielle Formen und spezifische Beiträge für die kulturelle Entwicklung und Identität absprechen. Sie verkörpern und vermitteln ein überreiches Repertoire an Information und Imagination, von facts und fiction, von Dokumentation und mimetischer Gestaltung – so daß die populäre These M. McLuhans immer eher zutrifft: *The medium is the message* (McLuhan/Fiore 1967) – und dadurch wird es zum zentralen Kulturfaktor.

2.9.   Welt und Wirklichkeit in den Medien – Medien als Welten

Bringt man alle Funktionen mehr oder weniger widerspruchsfrei zusammen, läßt sich resümieren: Medien transportieren nicht nur Information und Unterhaltung, Daten und Fiktionen Erfahrungen und Ideen, sie vermitteln vielmehr ‚Welten‘. Dabei sind beide Begriffe, Agens und Objekt, von Belang: Vermitteln bedeutet nicht nur Transfer, sondern Konstruktion von Realität, medienspezifische Gestaltung und Suggestion von Wirklichkeit als objektives Kommunikationsangebot wie als subjektive Wahrnehmung (Perzeption). Dabei bedingen sich mediale Wirklichkeitspräsentationen und ihre subjektive Rezeption bzw. mentale Verarbeitung wechselseitig. Nur aus heuristischer Perspektive lassen sie sich noch unterscheiden, nicht mehr in der konkreten Wirklichkeitskonstitution und -sicht des Einzelnen.

Auch der Begriff ‚Welt‘ soll vielschichtige, mehrdimensionale Implikationen repräsentieren: ‚Welt‘ meint zugleich Abbilder von Realität, symbolische Kodifikationen, medienspezifische Formate und imaginierte, fiktive Szenarien, und dies jeweils in unzähligen Mischvariationen, auf vielschichtigen Skalen, die von strenger, vorgeblich wahrer (gemeinhin als ‚objektiv‘ bezeichneter) Information (Nachricht, Meldung) bis hin zur autonomen Fiktion reichen. Sie ist von jeglicher Wirklichkeitsabbildung befreit und gehorcht nur ihren eigenen mimetischen Ansprüchen. Auf welcher Seite die Medien jeweils operieren, wie nah oder wie fern sie der als maßgeblich erachteten Wirklichkeit sind, darüber debattiert die Medienkritik unentwegt.

2.9.1.   Funktionalistischer Wirklichkeitsbegriff

Eines der klassischen Fallbeispiele der Kommunikationsforschung, nämlich die berühmte Untersuchung von Kurt Lang und Gladys Engel Lang (1953), läßt sich deshalb in der simplen Gegenüberstellung heutzutage nicht mehr wiederholen: Bei der Parade zu Ehren des Generals MacArthur in Chicago am 26. April 1951 wurden unmittelbare Eindrücke von Beobachtern am Straßenrand mit den ausgestrahlten Fernsehbildern verglichen. Dabei ergaben sich beträchtliche Diskrepanzen zwischen subjektiver Erfahrung und medialer Repräsentation. Öffentliche Veranstaltungen werden heute indes bereits nach den Konditionen der Fernsehreproduktion arrangiert, so daß eine ungestellte Wirklichkeit kaum mehr vor die Kamera kommt (siehe auch Lang/Lang 1991).

Allerdings: ganz so neu, wie mitunter behauptet, dürfte auch dieser Trend nicht sein; nur ist seine technisch versierte und zumeist ungenierte (Re)Produk-

tion inzwischen allgegenwärtig und übermächtig. (Mediale) Inszenierungen von
Wirklichkeiten und öffentlichen Anlässen gab es schon früher, man ist versucht
zu sagen: seit jeher (Faulstich 1996; 1997; 1998). Früher arrangierten sie jedoch
weniger die Medien in eigener Regie, vielmehr taten es die mächtigen, daran
interessierten Akteure, die Potentaten. Heute darf man zwischen ihnen und den
Medienproduzenten häufig identische Interessen und symbiotische Kooperationen
unterstellen.

Einer der mittlerweile wiederentdeckten Klassiker der Kommunikationsforschung, Walter Lippmann (1889–1974), selbst ein bekannter Publizist, erörterte
schon 1922 in seinem einflußreichen Buch *Public Opinion* das vertrackte Wechselspiel zwischen Wirklichkeit und Wahrnehmung und bot dafür den Terminus
des „Stereotyps" als Kriterium an. Denn die reale Umwelt sei viel „zu groß, zu
komplex und auch zu fließend", als daß sie „direkt erfaßt werden könne": „Mei-
stens schauen wir nicht zuerst und definieren dann, wir definieren erst und
schauen dann", folgerte W. Lippmann (1964, 18).

Inzwischen ist die öffentliche Definitionsmacht durch das Zusammenspiel von
Medien, Public Relations und öffentlichen Akteuren selbst zur Struktur der realen
Umwelt geworden: Was öffentlich geschieht, so läßt sich überspitzt formulieren,
passiert nur noch, wenn es in den Medien reproduziert wird. Vielfach geschieht
es überhaupt nur dort, selbst wenn es sich als reales Ereignis ausgibt oder als
solches in die Realität zurückwirkt: ‚Medienereignisse' (media events) – häufig
über prominente Medienakteure transportiert und von immer mächtigeren, professionellen Agenturen der public relations lanciert – beherrschen in diversen Variationen weithin Blätter und Programme. Wie sich dadurch Weltsichten und Wirk-
lichkeitsperspektiven der Bevölkerung verändern oder bereits gewandelt haben,
darüber liegen indes nur wenige empirische Erhebungen vor. Jedoch räsonieren
darüber unzählige kulturkritische wie visionäre Interpretationen.

Angesichts dieser Entwicklungen empfahl der Nürnberger Kommunikationswissenschaftler Winfried Schulz (1989) seiner Disziplin eine „kopernikanische"
Umkehr: Nicht mehr solle sie nach absoluten Kriterien für das Verhältnis von
realer und medialer Wirklichkeit fahnden – und daran scheitern. Vielmehr seien
nur noch relative Korrespondenzen angeraten, die außerdem die aktive Rolle der
Medien bei der Konstruktion von Realität einbeziehen: „Die ‚kopernikanische'
Auffassung impliziert, daß verschiedene Weltsichten zu tolerieren sind und daß
eine Konkurrenz verschiedener Definitionen von Wirklichkeit sowie die wechsel-
seitige kritische Auseinandersetzung zwischen ihnen die bestmögliche Annähe-
rung an die objektive Realität ist" (ebd., 145). Aber wenn weiterhin vorausgesetzt
wird, daß die objektive Realität tatsächlich und sogar als singuläre existiert,
dürfte Schulz' Revision nicht radikal genug zu sein. Sie berücksichtigt mindestens nicht hinreichend die nach wie vor dominanten Testate der Medien selbst
wie die Erwartungen an sie, daß die von ihnen präsentierten Realitäten mehr oder
weniger Wirklichkeit abbilden und Objektivität beanspruchen.

2.9.2. Konstruktivistischer Wirklichkeitsbegriff

Das Funkkolleg *Medien und Kommunikation. Konstruktionen von Wirklichkeiten*
wollte den konstruktivistischen Ansatz – zusammen mit systemtheoretischen
Prämissen – zur zentralen Doktrin der Medienwissenschaft erheben (überarbeitete
Fassung der Texte in Merten u. a. 1994): „Wirklichkeit" [...], dekretieren nämlich
die Autoren, „finden wir weder außerhalb von uns noch in unserem Verstand
einfach vor, sondern wir schaffen, wir konstruieren sie [...]. Und dabei spielt
Kommunikation – die persönlich-direkte und die durch Medien vermittelte – die
entscheidende Rolle" (Merten u. a. 1990, 7). Alle Wirklichkeits- und Wertvorstellungen gelten als „menschliche Konstrukte", die Menschen für sich selbst,
aber stets auch im Austausch mit anderen bilden. Sie unterliegen daher stets ihrer
Verantwortung. Diese wechselseitig verlaufenden Konstruktionsprozesse werden
systemtheoretisch als „selbstorganisierende und selbstreferentielle Systeme"
beschrieben, d. h. als „Systeme, die Ordnungen, Strukturierungen, Sinn und
Bedeutung durch Bezug auf ihre eigenen Zustände und Operationen herstellen
und nicht auf Dauer gesteuert werden können". Solche „sozialen Systeme" sind
auch die Medien, „in denen Individuen mit spezifischen Kommunikationstechni-
ken umgehen und Medienangebote erstellen, die aus dem Zusammenwirken aller
Komponenten des gesamten Systems – politischen, ökonomischen, juristischen,
technischen usw. – hervorgehen. Die Vorstellung vom Reporter, der uns mit
seiner Kamera die Wirklichkeit direkt frei Haus liefert, ist aus dieser Perspektive
naiv. Mediensysteme sind nicht bloße Dienstleistungsunternehmen, gleichsam
neutrale Informationsdienste, sondern Informationsindustrien, die uns zu Ände-
rungen unserer Wahrnehmungen, Wertvorstellungen und Gefühle veranlassen
wollen und können, sind also wichtige Instrumente der Wirklichkeitskonstruktio-
nen, die wir mit anderen erstellen und teilen" (Schmidt 1990, 37).
   Aber unentschieden läßt dieser Ansatz, ob die Medien ‚nur' „Instrumente der
Wirklichkeitskonstruktion" sind – was sie immer waren –, oder ob sie nicht
längst eigene Wirklichkeiten geworden sind. Außerdem wird nicht genügend ge-
klärt, wie sich die elementaren Wirklichkeitskonstrukte der Menschen von den
hochtechnischen Figurationen der Medien unterscheiden, mit anderen Worten:
welchen Grad an Systemhaftigkeit sie jeweils haben.

2.9.3. Glaubwürdigkeit als Kriterium der Medienrezeption

In der alltäglichen Medienrezeption können solche erkenntnis- und wissens-
kritischen Erörterungen nicht ständig geführt werden. Vielen Menschen dürften
sie gar nicht geläufig sein. Daher bleibt ihnen nur das wiederholte Abgleichen
verschiedener Realitätsgrade und ihrer implizierten Wahrheitsprätentionen, und
dies muß von Fall zu Fall geschehen, obendrein in unterschiedlicher Weise bei
verschiedenen Inhaltsangeboten und Medientypen. Dafür haben sich inzwischen
unterschiedliche Glaubwürdigkeitsprädikate für die Medien herausgebildet, an

denen sich solche Wahrheitseinschätzungen orientieren: Lange Zeit verfügte das Fernsehen über den höchsten Glaubwürdigkeitsbonus, inzwischen ist er zwar auch gesunken (etwa von 70 Prozent der Befragten 1974 auf 56 Prozent 1995), übertrifft aber nach der letzten Erhebung (Berg/Kiefer 1996, 251ff) immer noch den Wert von Hörfunk und Tageszeitung. Letztere ist in der Einschätzung der Bundesbürger seit 1970 immer glaubwürdiger geworden (von 14 auf 31 Prozent), während der Hörfunk stagnierende Werte zwischen 13 und 15 Prozent verzeichnet.

Wieweit es überhaupt noch empirische, soziale Realität außerhalb der Medien für die Menschen gibt oder sie diese als eigenständige erachten (können), wird insbesondere von der Kulturkritik hinterfragt und gerade im Hinblick auf Kinder beklagt. Befürchtet wird vielfach, daß die medial vermittelte, die sekundäre Realität bei vielen Wahrnehmungs- und Erfahrungsweisen dominiert und das Leben „aus zweiter Hand" mehr und mehr um sich greift. Vollends werden es die digitalen Medien sein, die umfassende, perfekte Scheinwelten – „cyberspaces" – inszenieren, in denen nahezu alle Sinnesreize und sinnliche Erfahrungsmöglichkeiten künstlich erzeugt und suggeriert werden.

Auf der anderen Seite läßt sich mediale Realität nur dort unmittelbar überprüfen, anzweifeln oder bestätigen, wo die empirische Realität authentisch und unverstellt verfügbar ist. Dies ist zum einen in einer komplizierten und komplexen Welt nur im begrenzten Maße möglich. Zum anderen gelingt es auch deshalb immer weniger, weil es immer mehr mediale Konstrukte gibt und sie in ihrer Thematik zunehmend vielfältiger werden. Die Abhängigkeit von ungeprüften medialen Informationen nimmt daher generell zu, und die Möglichkeit ihrer Verifikation im Alltag, durch unmittelbare Erfahrung, sinkt. So muß man darauf vertrauen, wie morgen das Wetter wird, die Inflationsrate steigt oder fällt, der oder jene Stau auf der Autobahn vorhanden ist, um nur einige Beispiele zu nennen. Und entsprechend solcher Nachrichten wird gehandelt. Selbst wenn ein Stau (noch) nicht dort besteht, wo er gemeldet wird, kann ihn die Meldung verursachen, da die Autofahrer entsprechend langsamer fahren und ihn bewirken – womit sich erneut die immer weniger entwirrbare Vermischung von empirischer und medialer Realität bestätigt.

Glaubwürdigkeitsprädikate als Indikatoren für ihre Wirklichkeitstreue können die neuen Online- und Netzmedien als ganze nicht aufweisen; sie sind vorwiegend Vermittlungsinstanzen, und für jedes ihrer Offerten stellt sich diese Frage neu: Anerkannte Presseprodukte, die über kommerzielle Datendienste wie T-Online oder AOL zu bekommen sind, werden gewiß anders eingeschätzt als unautorisierte, vagabundierende News in News- und Chatgroups im Internet, um einmal die Extreme zu markieren. Da aber bei vielen Informationen und Daten die mediale Glaubwürdigkeitsprädikation fehlt und außerdem ihre unkoordinierte und unkommentierte Fülle alle möglichen Welt- und Wirklichkeitssichten anbietet, dürften sich die medialen Welten insgesamt noch weiter von den realen

Erfahrungen des Einzelnen ablösen – oder dieser registriert in der Überfülle nur noch die, die mit seiner Welt etwas zu tun haben, und kapselt sich von den Unsummen virtueller Realitätspartikel ab.

2.10. Mediale Kommunikation und soziales Handeln

2.10.1. Handeln mit und in Bezug auf Medien

Kommunikation impliziert Intention, auch wenn sie nicht immer bewußt oder bedacht ist. Mindestens realisiert sie sich unwillkürlich oder funktional, denn die Partner können sich jeweils selektiv und/oder interpretierend zueinander verhalten. Wirkungen müssen sich nicht zwingend ergeben, ebensowenig wie sich die Intention des kommunikativ Agierenden unmittelbar einlösen muß. Diese Variabilität oder Unwahrscheinlichkeit macht jede Kommunikation offen und prekär, und solche Risiken wachsen, je distanzierter die Partner in Raum und Zeit miteinander kommunizieren, wie es bei den medialen Formen in unterschiedlichen Graden der Fall ist. Bei der gespeicherten Kommunikation reicht die Unwahrscheinlichkeit so weit, daß nur noch der Rezipient aktuell und bewußt agiert, mithin evidente Intentionen besitzt, wohingegen die des Urhebers der gespeicherten Daten/Zeichen nicht mehr erkenntlich sein müssen und von ihm keine Handlungen mehr ausgehen. Deshalb ist der nach wie vor virulente Begriff der Wirkungen so irreführend.

Wie Kommunikation definiert wird, differiert ebenfalls erheblich; die vielen terminologischen Spielarten können hier nicht rekapituliert werden (Merten 1977; Kübler 1984; Faßler 1997). Seit den Grundlegungen des symbolischen Interaktionismus des Sozialpsychologen Georg Herbert Mead (1863–1931), der verstehenden Sozologie Max Webers (1864–1920) und der Sprechakttheorie von John L. Austin (1911–1960) und John R. Searle (geb. 1932) werden auf unterschiedliche Weise handelnde Momente in der Kommunikation angenommen oder Kommunikation selbst als symbolische Interaktion gesehen. Ihre sozialen Dimensionen ergeben sich zudem aus dem realen oder vorgestellten Gegenüber, dem „Anderen" in der Sprache des symbolischen Interaktionismus. Er kann als konkretes Individuum wie auch als abstrakte Größe der symbolischen Interaktion vorkommen. Als solche – nämlich als generalisierter Anderer – repräsentiert er in jeder einzelnen Handlung Gesellschaft, wie sich die Gesellschaft selbst durch viele und letztlich abstrahierte symbolische Interaktionen konstituiert.

Der Begriff des „sozialen Handelns" geht auf die inzwischen klassisch gewordene Definition Max Webers zurück: „‚Soziales' Handeln soll ein solches Handeln heißen, welches seinem von dem oder den Handelnden gemeinten Sinn nach auf das Verhalten *anderer* bezogen wird und daran in seinem Ablauf orientiert ist" (Weber 1972[5], 1). Nach dieser Definition ist Handeln also stets sozial und

kommunikativ. Als kommunikatives Handeln im engeren Sinn können alle
(Ent)Äußerungen des Menschen bezeichnet werden, seien sie sprachlicher, seien
sie nichtsprachlicher Art, oder seien sie kombiniert aus Sprache und anderen
Zeichen (Habermas 1981).

Einen eingeschränkten Begriff von Handeln – eher Verhalten – pflegte die in
der Psychologie lange übermächtige Denkrichtung des Behaviorismus, dessen
Spuren bis heute in der empirischen Psychologie und in der Medienwirkungsforschung zu erkennen sind (Halff 1998). Er akzeptiert nur manifestes, durch empirische Methoden wie Befragung und Beobachtung registrier- und meßbares
Verhalten; entsprechend sieht er Medienwirkungen als Veränderungen, die sich
in den Kenntnissen, den Meinungen und Gefühlen der Rezipienten nachweisen
lassen und sich in deren Verhalten niederschlagen (s. u. Kap. 4.1. u. 4.2.).

Der eher kommunikative, reflexive Handlungsbegriff sieht in jeder sozialen
Kommunikation immanente Handlungsmomente, mithin auch in der Rezeption
und/oder in der Nutzung von Medien. Sie lassen sich vielfältig differenzieren,
nicht nur in der zeitlichen Abfolge vor, während und nach der Rezeption: So
können Wahrnehmung, Verarbeitung/Interpretation und Verstehen des Rezipierten
als kognitive Handlungen begriffen werden. Außerdem vollziehen die Rezipienten
viele operative Handlungen, die sich auf die Medien als Materialien und Apparate
beziehen. Schließlich ist die Rezeption in soziale Situationen des alltäglichen
Lebens eingebettet oder schafft solche sogar wie etwa den Kinobesuch. Je alltäglicher Medien geworden sind, je mehr sie in den Alltag integriert sind, um so
enger vermengen sich Lebensweise und Medienrezeption. Andere behalten ihren
Ereignischarakter und verlangen außergewöhnliche Rezeptionsweisen.

Forschungen zur Rezeption und Nutzung von Medien erweitern daher ihre
Perspektive auf den „Medienalltag", jedenfalls können Aussagen über mögliche
Wirkungen von Medien immer weniger ohne Bezug des lebensweltlichen Kon-
textes der Rezipienten getroffen werden. Noch weniger können Medienwirkungen
ausschließlich als Aktivität des Kommunikators betrachtet werden; vielmehr sind
sie zugleich als vielfältige kommunikative und soziale Handlungen der Rezipienten zu betrachten. Medienforschung kann also nicht mehr ausschließlich nach
Medienwirkungen fragen; angemessener ist die Untersuchung von *Medienrezeption* (Kübler 1996; Charlton/Schneider 1997) im Kontext alltäglicher, subjektiver
Handlungen und unter den Strukturen der alltäglichen Lebenswelt.

Die traditionelle Forschung sah allein oder vornehmlich die Kommunikatoren
und/oder die Medien als Handelnde, wie es die prototypische Frage: „Was tun die
Medien mit den Menschen?" ausdrückt. Die Rezipienten galten – in der Diktion
der empirischen Sozialforschung – als weitgehend abhängige Variablen, die auf
Reize und Aussagen der Medien (Stimuli) reagieren und Medienwirkungen über
sich ergehen lassen. Allmählich wurden auch die Rezipienten als begrenzt hand-
lungsfähige Subjekte erachtet, etwa dadurch, daß sie sich den Medienstimuli
selektiv zuwenden, sie selektiv wahrnehmen und selektiv verarbeiten (Donsbach

1991). Diese Eigentätigkeiten oder Unkalkulierbarkeiten wurden als intervenierende Variablen akzeptiert (Renckstorff 1977, 11), die den vom Kommunikator bestimmten Kommunikationsakt und seine Wirkungen stören oder behindern (können). So wurde das Publikum als „widerspenstig" (Bauer 1973) bezeichnet, weil die intendierten oder unterstellten Wirkungen nicht mehr quasinatürlich eintraten, sondern scheitern können. Heute nennen sich diese Ansätze „transaktional", weil sie Übergänge von Wirkungen zu Handlungen – und zwar sowohl vom Kommunikator wie vom Publikum, einbeziehen wollen (s. u. Kap. 4.2.2.).

Seit den 70er Jahren respektiert und untersucht die Forschung das Handeln der Rezipienten als autonome Kategorie (Winter 1995; Kübler 1996; Charlton/Schneider 1997) und fragt umgekehrt: „Was tun die Menschen mit den Medien?" Damit soll ausgedrückt werden, daß die Rezipienten gegenüber den Medien, den Apparaten wie den Inhalten, den Themen wie den Figuren, nach ihren eigenen Voraussetzungen, Bedürfnissen und Erfahrungen handeln, sie in ihren individuellen Lebensvollzug und in ihre sozialen Situationen einfügen. Medienrezeption wird verstanden als von den Subjekten (mit)gestalteter, von den Medien allenfalls rahmenhaft strukturierter Prozeß der Sinnstiftung.

Außerdem wird die handlungstheoretische Sichtweise in der Medienforschung durch die technologische Entwicklung erheblich bestärkt. Genügt es jetzt schon nicht mehr, Medienrezeption – sei es Lesen, Hören oder sei es vor allem Sehen auf dem Bildschirm (was ja ebenfalls Hören und partiell Lesen einschließt) – als passive Reaktion herabzuwürdigen, dem die aktiven sinnlichen Betätigungen gegenübergestellt wurden (was freilich unter kulturkritischen Vorzeichen nach wie vor beliebt ist), verlangen Computer und Online-Medien motorische wie kognitive Aktivität: nämlich Kenntnisse, logisches Denken, strukturierende Überlegungen und Handlungsvollzüge – selbst wenn die Werbung sie als kinderleicht vollziehbar anpreist. Insofern läßt sich alle Tätigkeit am Computer und mit Online-Medien nicht mehr in die überkommenen Kategorien der Medienwirkungsforschung fassen.

Generell muß sich Medienforschung heute theoretisch vergewissern, in welchem Verhältnis die Mediennutzung jeweils zum Gesamt menschlichen Handelns steht und welches Gewicht die gefundenen Erkenntnisse haben. Jedenfalls muß das Handeln, das auf die Medien bezogen oder von diesen induziert ist, zu dem Handeln in Beziehung gesetzt werden, das nicht oder noch nicht von den Medien beeinflußt ist. Erst dann lassen sich heute übliche Schlagwörter hinreichend bestätigen, wonach Kindheit und Jugend als „Medienkindheit" und „Medienjugend" gelten, also vorrangig von Medien und ihrem Konsum determiniert sind oder sein sollen.

In den Kontext des sozialen und kommunikativen Handels gehören auch die vieldiskutierte These von der wachsenden Wissenskluft sowie Elisabeth Noelles-Neumanns (1980, 1989) bekanntes Theorem von der Schweigespirale. Sie werden als komplexe Bereiche der Wirkungsforschung vorgestellt (Kap. 4.2.3. und 4.2.6.).

2.10.2. Handeln als Paradigmenwechsel zur qualitativen Medienforschung

Handeln in dem skizzierten weiten Sinn – in Medienrezeptionssituationen wie
darüber hinaus – avancierte zu einem wissenschaftstheoretischen Paradigma, das
sich zum einen auf frühere Kontroversen über Selbstverständnis und Methodik
der empirischen Sozialforschung – etwa den Positivismusstreit der 60er Jahre –
berief. Zum anderen griff es die Theroreme des symbolischen Interaktionismus
auf und hebt die Interpretations- und Handlungskompetenz des Subjekts in allen
sozialen Situationen hervor, und zum dritten initiierte und beförderte es in der
Medienrezeptionsforschung die qualitative Forschung – im Kontrast zur vorwiegend quantitiven Nutzungsdemoskopie (Renckstorf 1977; 1984; Baacke/Kübler
1989; Holly/Püschel 1993; Winter 1995).

Ausgehend von der beschriebenen Umkehr der Fragestellung, betrachten die
verschiedenen Ansätze das Publikum und das Individuum als aktiv handelndes,
auch in Bezug auf Medien und deren Inhalte. So verstandene Medienrezeption
kann nicht länger nur mit schieren Nutzungsdaten ermittelt werden. Sie geben
höchstens den quantitativen Rahmen ab, in dem sich viele konkrete Prozesse,
subjektive Sinnstiftungen, soziale Interaktionen, Selbst- und Fremddeutungen,
Situationsgestaltungen, Erlebnisse und Gefühle abspielen. Über sie können nur
die Individuen selbst Auskunft geben, soweit sich die Forschenden mit Sensibili-
tät und Empathie darauf einlassen. Daher respektiert die Methodik der qualitativen Forschung das einzelne Subjekt – und zwar nicht mehr nur als Objekt des
Untersuchungsprozesses, sondern als Individuum. Entsprechend müssen die verwendeten Untersuchungsmethoden möglichst den alltäglichen Kommunikationsformen und Erklärungsweisen ähnlich sein, weil sich dadurch möglichst authenti-
sche Deutungen rekonstruieren lassen. Das alltägliche Erzählen in narrativen, of-
fenen Interviews entspricht diesem Credo – ihm steht als anderer Pol die standar-
disierte Befragung der quantitativen Forschung gegenüber.

Im Grundsatz kann das Verständnis von sozialem Handeln über die Definition
von Max Weber hinaus immer noch so umrissen werden, wie es Herbert Blumer
(1900–1987), der zweite Begründer des symbolischen Interaktionismus, der dieser
Denkrichtung 1937 den Namen gab, formulierte:

1. Menschen handeln (sozialen wie nicht-sozialen) Objekten gegenüber auf der Grundlage
der Bedeutungen, die diese Objekte für sie haben bzw. die sie sich von ihnen machen.

2. Die Bedeutung solcher Dinge erwächst aus den sozialen Interaktionen, die die Individuen miteinander eingehen.

3. Die Bedeutungen werden in interpretativen Prozessen generiert, in denen der einzelne
sich selbst Gegenstände „anzeigt", auf die er sein Handeln ausrichtet und ihre Bedeutung
in Abhängigkeit von der gegebenen sozialen Interaktion prüft, zurückstellt, neu ordnet,
umformt usw. (nach Schenk 1994, 174).

Bei den präsentativen, emittierenden Medien, also bei Film, Hörfunk, Fernsehen und allen ihren Speichern sowie digitalen Varianten, kommt noch hinzu, daß

in ihnen Figuren agieren, zu hören und/oder zu sehen sind, die für die Rezipienten den Status von Quasi-Partnern einnehmen können, da sich Individuen, wie der symbolische Interaktionismus annimmt, stets ein (generalisiertes) Gegenüber vorstellen. Diese Beobachtung haben Donald Horton und Richard R. Wohl (1956) schon in den 50er Jahren als „parasoziale Interaktion" bezeichnet, als eine Art „Als-ob-Handeln" zwischen Rezipienten und Medienakteuren. Sinnfällig dafür sind etwa die recht innigen Beziehungen, die sich manche Rezipienten – aus vielerlei Gründen – zu den Medienrepräsentanten und -figuren, vor allem zu den ModeratorInnen in Radio und Fernsehen, einseitig einbilden. Viele Handlungen – etwa besonders hohe Aufmerksamkeit bei der Rezeption, gar ekstatische Gefühlsausbrüche oder die Gründung einer Fangruppe – geschehen aus solchen Motiven heraus. Aber Identifikation mit einer Medienfigur oder Projektion seiner Wünsche auf eine solche – die beiden klassischen psychischen Übertragungen, die seit der antiken Theatertheorie thematisiert werden – passieren jedem Rezipienten; meist werden sie von den Urheber angestrebt, weil sie Genuß und Befriedigung erhöhen.

2.10.3. Medienkompetenz

Von klein auf gehen Menschen heute in modernen Gesellschaften mit Medien um; Babys haben noch vor der Vollendung ihres ersten Lebensjahres Kontakt mit dem Fernsehen, ab zwei, drei Jahren sehen viele Kinder schon regelmäßig fern (Kübler u. a. 1998). Zunächst müssen sie sich mit den Geräten vertraut machen und sie nutzen können, bald lernen sie die Wirklichkeiten der Medien als eigene Welten kennen und (möglichst) von ihren realen, empirischen Lebenswelten zu unterscheiden. Beiläufig, im täglichen Kontakt bildet sich mithin ein breites, vielfältiges ‚Medienwissen‘ heraus, das wenig bewußt und kaum strukturiert ist, aber ständig bestärkt und erweitert wird. Womöglich bewirkt es auch Distanz und reflexive Selbstkontrolle. Jedenfalls läßt sich heute vielfältiges Expertentum bei den Rezipienten beobachten: Es reicht von Kenntnissen über Technik und Fabrikate, über bestimmte Programme und Figuren bis hin zu völlig eingeweihter Anhängerschaft für Stars, Szenen und Genres und wird auf mannigfaltige Weise (aus)gelebt.

Je länger es Medien gibt und ihre alltäglichen Präsenz und Relevanz wachsen, um so vielschichtiger und umfänglicher wird diese Art Wissen. Gleichwohl wird in letzter Zeit propagiert, die Menschen müßten Medienkompetenz haben und/ oder erwerben, um mit den diversen Medien umzugehen, sich in der Mediengesellschaft zurechtzufinden oder sich für sie zu qualifizieren. Ursprünglich vertrat allein die Medienpädagogik die Herausbildung und Förderung von Medienkompetenz als ihr grundlegendstes Ziel (Baacke 1973; 1980; 1997): Dabei implizierte es – und impliziert es mitunter bis heute – sowohl bewahrpädagogische Aspekte wie den Schutz der Individuen vor schädlichen Medieneinflüssen als auch produktive Impulse, die einen selbständigen, möglichst reflektierten, wenn nicht kreativen Umgang mit den Medien anstreben. Inzwischen wird Medienkompetenz aber auch in der Politik und Wirtschaft ventiliert und für die Prosperität des Wirtschaftsstandorts Deutschland ebenso bemüht wie für das betriebliche Knowhow von Unternehmen und die Qualifikation von Arbeitnehmern. Der Begriff ist mittlerweile zum inflationär gebrauchten, fast inhaltsleeren Schlagwort geworden, der letztlich nur noch Modernität, Innovationsbereitschaft oder effizientes Mithalten mit den technologischen Optionen und rasanten Veränderungen symbolisiert (Schell u. a. 1999).

Zu wenig differenziert wird dabei, welche kommunikativen Fähigkeiten die Menschen immer schon haben und täglich bei der Medienrezeption mitbekommen, welche sie tatsächlich und systematisch erlernen müssen, wie sich diese Fähigkeiten zu traditionellen Kulturfertigkeiten verhalten, sie ersetzen oder auch nur ergänzen (sollen) und – endlich – was von diesen Fähigkeiten zur unauffälligen Alltagsbewältigung, zur allgemeinen Bildung und/oder zu beruflicher Qualifikation zählt bzw. zählen muß. Bis zu einem gewissen Grad sind Kompetenzen jeweils erforderlich, um Medien und ihre Inhalte einigermaßen bedacht und gekonnt, (v)erträglich oder auch genußvoll in das Alltagsleben zu integrieren, sie als Momente des alltäglichen Lebensvollzuges nutzen zu können. Primär dürften diese Kompetenzen auch darüber entscheiden, welche Medien überhaupt ausgewählt und genutzt werden und mit welcher Qualität die Nutzung und Rezeption erfolgen. So finden sich etwa in bildungsbürgerlichen Kreisen noch immer Vorbehalte gegen die elektronischen Medien, insbesondere gegen Fernsehen und Video, während die Printmedien eher in der breiten Mittelschicht mit durchschnittlichem Bildungsniveau und erst recht in den sozial unteren Schichten weniger geschätzt werden – wenngleich ihre öffentliche Wertschätzung generell zunimmt. Auch bei den Online-Medien differenzieren sich die Nutzergruppen bereits nach bildungsspezifischen und sozialen Voraussetzungen aus: Denn Informationsrecherchen, Nutzung diverser Datenbanken und interaktive Netzkommunikation (E-Mail) bewältigen und bevorzugen formal höher Gebildete und in anspruchsvollen Berufen Tätige eher und häufiger als gegenteilig zu kategorisierende Nutzer. Für sie sind Programmangebote – auch sehr trivialer Art – sowie Computerspiele, höchstens noch teleshopping und telebanking die am meisten frequentierten Online-Offerten.

2.11. Sozialisation

Betrachtet man die erörterten Aspekte der Medien aus der Perspektive des Individuums, seiner Biographie und seines Hineinwachsens in die Gesellschaft und ihre sozialen Systeme sowie aus der einer Altersgruppe oder Generation, lassen sie sich auch als Sozialisationsfunktionen der Medien kennzeichnen (Schorb u. a.

1991). Gefragt wird, welchen Anteil und welche Bedeutung Medien an der Entwicklung und Festigung der sozialen Persönlichkeit, an der Vergesellschaftung des Individuums haben. Unter wertenden Gesichtspunkten läßt sich Sozialisation auch als Integration begreifen, unter funktionalistischen Vorzeichen können mit ihr aber auch desintegrierende Prozesse einhergehen, wenn weder Individuum noch Sozietät zur Anpassung und Eingliederung – aus welchen Gründen auch immer – fähig und/oder bereit sind: Sanktionen oder Ausgrenzungen bis hin zur Unterdrückung, Isolation oder Kriminalisierung können die Folgen sein.

Sozialisation bezieht sich auf alle sozialen Dimensionen des Lebensprozesses, an dem verschiedene Faktoren und Instanzen mit unterschiedlicher Intensität beteiligt sind: Als *primäre* Sozialisationsfaktoren gelten zuerst Familie und dann Verwandtschaft. Sie vermitteln zunächst Individualität und Identität im sozialen Gegenüber, den eher persönlichen, wenn nicht intimen Binnenstrukturen, und führen allmählich in die soziale Außenwelt ein. Als *sekundäre* Sozialisationsfaktoren fungieren die Erziehungsinstanzen wie Kindergarten und Schule. Dort werden kollektive Regeln und Rollenmuster gelernt, die die der Familie ergänzen, aber auch konterkarieren können. Für ältere Kinder und Jugendliche, die sich in der Pubertät von der Familie lösen wollen, sind die Gruppen der Gleichaltrigen (peer groups) wichtig. Sie verkörpern weitere informelle, auch affektiv bedeutsame Sozialisationsumwelten, die zusätzliche ungeregelte, intersubjektiv auszuhandelnde Handlungsmuster und Wertigkeiten anbieten. Als *tertiäre* Sozialisationswelten gelten schließlich Ausbildung und Berufstätigkeit und weitere gesellschaftliche, meist institutionalisierte Gruppen wie Vereine, Kirchen, Parteien, Gewerkschaften etc. Mit diesen Sozialisationswelten erweitern sich die Aktions- und Lebensradien des einzelnen, vergrößern sich seine sozialökologischen Zonen. In ihnen sind übereinstimmende, aber auch divergierende Routinen und Normen wirksam. Daher kann als Sozialisationsleistung des Individuums gelten, die verschiedenen Sozialisationsansprüche und -normen für sich selbst zu vereinbaren, sie einigermaßen konsistent und erträglich zu gestalten.

Gänzlich quer zu solchen Radien und Schichtungen der Vergesellschaftung sozialisieren die Medien, weil sie in alle anderen Sozialisationsbereiche hineinwirken oder sie sogar überlagern. Daher wurde oft schon befürchtet, daß Medien den traditionellen, ‚normalen‘ Sozialisationsverlauf untergraben, weshalb entsprechende Vorkehrungen empfohlen werden. Denn in den Familien sind Medien ständig präsent, steuern oder ergänzen das Alltagsleben, bestätigen oder unterlaufen die sozialen Muster und Normen der Erziehung, bringen die gesamte Erwachsenenwelt auch mit ihren bedenklichen Verlockungen (Werbung) und Exzessen (Gewalt und Pornografie) fast ungefiltert in das Familienleben und zu den Kindern (Hurrelmann u. a. 1996; Kübler u. a. 1998).

Weltweit beunruhigten etwa die Thesen Neil Postmans (1983), das Fernsehen habe die Kindheit (im bislang üblichen Sinn) beseitigt, weil es den Kindern mit seinen dauernd zugänglichen Bildern alle Tabuthemen schonungslos anbiete.

Deswegen berge die Welt für Kinder keine Geheimnisse mehr. In der allmählichen Aufdeckung und Entschlüsselung der Welt erkannte N. Postman eines der symbolischen Fundamente für die neuzeitliche Phase der Kindheit, wie sie sich seit der Aufklärung und dem Buchdruck als erzieherisches und biographisches Ideal verbreitet habe (vgl. auch Kloock/Spahr 1997, 99ff.; Ludes 1998, 90ff.).

Solche Befürchtungen gründen mehr oder weniger bedacht auf einer objektorientierten Sicht, die das Individuum und seine Entwicklung von der gesellschaftlichen Umwelt fast gänzlich determiniert sieht und Sozialisation als vorrangig kausalen Prozeß der gesellschaftlichen Anpassung begreift. Allerdings vollzog die Sozialisationsforschung in den letzten Jahren eine erkenntnistheoretische Kehrtwende, die der der Medienrezeptionsforschung gleichkommt: Ebenfalls entdeckte sie das aktive Subjekt, die Handlungs- und Entscheidungskompetenz des Individuums. Von klein auf sei das Subjekt ein handlungsfähiges und – wie begrenzt auch immer – eigenverantwortliches Geschöpf, das sich im Wege der Aneignung und Deutung die ‚Welt‘ erschließen und sich selbst entwickeln kann.

Inzwischen wird Sozialisation als vielfältig vermitteltes, dialektisches Wechselspiel zwischen etablierten gesellschaftlichen Strukturen, Routinen und Normen einerseits und den Entwicklungslogiken und Bedürfnissen der individuellen Identitätsfindung andererseits betrachtet (Hurrelmann/Ulich 1991). Das Individuum paßt sich den gesellschaftlichen Rahmenbedingungen, Handlungsmustern und Normen nicht bloß an, vielmehr ist es selbst „produktiv realitätsverarbeitend" (Hurrelmann 1983): Indem es die gesellschaftlichen Strukturen und objektiven Koordinaten kennenlernt, erprobt, interpretiert, schließlich sich aneignet und verarbeitet, erzeugt es nicht nur für sich kognitive Muster (Deutungen, Einstellungen) von ihnen, sondern modifiziert, verändert und erzeugt die wahrgenommenen und aktivierten bis zu einem gewissen Grad.

Heute wird Sozialisation sogar – gewissermaßen vom anderen Extrem her – als weitgehende ‚Selbstsozialisation‘ gesehen, und die strukturellen Bedingtheiten wie Faktoren der Sozialisation gelten als weniger prägend. Damit soll einerseits der vielfach konstatierten Individualisierung von Lebensläufen in den pluralistischen Gesellschaften Rechnung getragen werden. Zum anderen bahnt sich aber auch eine gewisse soziologische Indifferenz an, die früheren Konzepten von der weitgehend endogenen Reifung und Entwicklung nahekommen und mißachten, wie nachhaltig heute das Individuum in vielfältige soziale Bezüge involviert ist, deren Potentiale und Belastungen eher zu- als abnehmen.

Sozialisation gilt als nie abgeschlossen, ist mithin ein lebenslanger Prozeß; er wird allerdings in den biographischen Phasen unterschiedlich gewichtet und geformt. Die Sozialisation von Kindern und Jugendlichen wird als die prägendste Phase erachtet und deshalb von Forschung und Erziehung am intensivsten thematisiert. Die jüngere Lebenslaufforschung (Fuchs 1998) macht aber auf weitere Zäsuren in der Biographie aufmerksam und begreift sie als Sozialisationsübergänge bzw. „Statuspassagen": Solche sind etwa der Eintritt ins Berufs-

leben, die Familiengründung, heute vielfach auch die Scheidung, die nachelterli-
che Paarbeziehung, der Übergang ins Rentenalter, das Singleleben im Alter
(Kübler u. a. 1991).

Für die Medienforschung ist die Annahme, daß sich soziale Realität im wech-
selseitigen Handeln konstituiert und dementsprechend sich die Welt- und Identi-
tätsbildung in ihr so vollziehen, von besonderer Bedeutung und Plausibilität.
Denn die mediale Sozialisationswelt ist stets eine symbolische, also nicht reale;
sie wird kognitiv wahrgenommen, gedeutet, verarbeitet, rekonstruiert und artikuliert – und bedarf dazu des Subjekts, das diese Tätigkeiten ausübt. Daneben hat
es Handlungen zu lernen, die sich zum einen auf die Medien als materielle Appa-
raturen richten und die zum anderen bei der Rezeption der Medien als soziale
Kontextbedingungen anfallen. So sind für die Mediensozialisation immer multi-
faktorielle Prozesse anzunehmen und in geeigneten Erkenntnismodellen abzubil-
den, um die Komplexität und Kontingenz der medialen Sozialisation zu analysie-
ren. Sozialisations- und Medienrezeptionsforschung ergänzen und befruchten sich
daher in neuen Konzeptionen der Vergesellschaftung bzw. der Bildung sozialer
Identität.

2.12. Medien und sozialer Wandel

Daß Medien sozialen Wandel induzieren, wie sie selbst Umwälzungen unter-
worfen sind, ist nicht erst offensichtlich, seit die sogenannten neuen Medien auf
dem Plan sind. Mit den erwähnten Attributen „Medien-", „Informations-" oder
neuerdings auch „Wissensgesellschaft" (Deutscher Bundestag 1998) soll allerdings signalisiert werden, daß nun die Gesellschaft als ganze betroffen ist und
führere Gesellschaftsformationen überwunden werden. Medien werden zu zentralen Produktions- und Wertschöpfungsfaktoren. Unter solch neuen Vorzeichen
verändern sich sicherlich alle (hier) aufgeführten Funktionen, und insofern
werden sie in jeweils kürzeren Abständen neu zu bestimmen sein.

Aber weit gehen die Einschätzungen und Prognosen darüber auseinander. Aus
wissenschaftlicher Sicht ist dafür nicht zuletzt die recht kärgliche Erkenntnis- und
Forschungslage verantwortlich. Sie wird um so dürftiger oder auch beliebiger, je
abstrakter und weitreichender das Ansatzniveau wird, das in den Sozialwissenschaften gemeinhin in Makro-, Meso- und Mikroebenen eingeteilt wird. Allerdings variieren deren Reichweiten wiederum, je nach den gewählten Bezugsgrö-
ßen: Makrostudien können sich etwa auf eine bestimmte Gesellschaft – etwa auf
die bundesdeutsche –, auf einen bestimmten Gesellschaftstyp – etwa auf den modernen, westlich-demokratischen – oder auf die gesamte Welt richten. Und wiederum gilt: Je umfänglicher der Blick, um so pauschaler, empirisch ungesicherter
und damit fragwürdiger werden die Thesen, Erkenntnisse und Trendbehauptungen.

Und auch die These von der „Informationsgesellschaft" ist – genau besehen – empirisch (noch) nicht hinlänglich belegt, denn unterschiedliche Indikatoren werden dafür jeweils bemüht. Jedenfalls ist diese Gesellschaftsform im Weltmaßstab noch kaum verbreitet, und ob sie sich tatsächlich als neue Formation durchsetzt oder nur als Aspekt gegenwärtiger Gesellschaften, ist bei einer auseinanderdriftenden Entwicklung auf der Welt ebenfalls noch nicht ausgemacht (Kleinsteuber 1996; Deutscher Bundestag 1998). Unbestreitbar internationalisiert sich Massenkommunikation zunehmend und erzeugt eine übernationale oder weitgehend kulturell indifferente Weltmedienkultur, gesteuert und geprägt von wenigen Medienkonzernen. Walt Disney war nur einer der ersten, dessen Konzern freilich bis heute mächtig mitmischt (Rager/Hachmeister 1997). Warum es jedoch gleichzeitig zu einer massiven Stärkung und Verbreitung fundamentalistischer, separatistischer, mindestens gegen die angloamerikanische Hegemonie gerichteten Strömungen kommt, die zu einem Weltkulturkrieg führen könnten, wie es kürzlich der amerikanische Soziologe Samuel P. Huntington (1997) ebenfalls weltweit publizitätswirksam prognostizierte, läßt sich nicht allein aus der wachsenden Medienmacht und -nivellierung erklären. Mindestens müßte einbezogen werden, daß solch archaische, wenn nicht atavistische Bestrebungen als Widerstandspotentiale recht mächtig sind. Jedenfalls fehlen wiederum verläßliche, von den einschlägigen Disziplinen breit geteilte Indikatoren für den einen oder anderen Trend (Blumler 1997; Schulz 1997a; 1997b).

Trotz solcher Trendbehauptungen und politischer Postulate mangelt es nach wie vor auf nationaler und erst recht auf internationaler Ebene an ausreichenden, systematischen und gewichteten Indikatoren für den durch Medientechnologie induzierten Wandel, etwa hin zur Medien- und Informationsgesellschaft: 1986 kam eine hochkarätige Kommission für die Deutsche Forschungsgemeinschaft (DFG) zu dem Urteil, die bundesdeutsche Kommunikations- und Medienforschung weise einen „erstaunlichen Mangel an Studien [auf], in denen die Auswirkungen der Medien auf soziale Sachverhalte, soziale Beziehungen und Strukturen, soziale Normen und Werte untersucht werden. Obgleich in der öffentlichen Diskussion gerade das Problem der sozialen Auswirkungen der Massenmedien – speziell neuer medialer Angebote – im Vordergrund steht, hat die Forschung diesen Aspekt bisher nur selten und meist auch unzulänglich aufgegriffen. Es fehlen vor allem makroanalytische Untersuchungen über die langfristigen sozialen Folgen von Massenkommunikation, über die Folgen der Ausweitung des Medienangebots und des kontinuierlichen Kontakts mit bestimmten Medien oder Inhaltsgenres (Vielseher-Problematik, Wirkung von Gewaltdarstellungen)" (Deutsche Forschungsmeinschaft 1986, 8).

Zehn Jahre später (1996) kommt eine ähnlich strukturierte, personell teilweise sogar identische Gutachterkommission zum selben Ergebnis: „Die Chance von systematischen Makro- bzw. Makro-Mikro-Analysen ist in der Kommunikationswissenschaft im Vergleich zu anderen [sozialwissenschaftlichen] Disziplinen nur sehr sparsam genutzt worden, so daß ein erheblicher Erkenntnisbedarf, aber auch große Erkenntnismöglichkeiten in diesem Feld liegen" (Kaase u. a. 1997, 6). So ergibt sich erneut das Dilemma, daß über den sozialen Wandel, der durch Medien angestoßen oder gar verursacht wird, sehr viel kulturkritisch räsoniert wird, aber es nach wie vor an solider Forschung mangelt.

Konkreter als weitreichender sozialer Wandel läßt sich erfassen, wie sich die Mediensysteme – oder das Mediensystem als weltumspannendes, mehr und mehr verflochtendes Konglomerat – verändern (Blumler 1997, 20): Satelliten im Weltraum und globale Datennetze verküpfen nationale Kommunikationsformen miteinander, ökonomische Verflechtungen steuern den Programmaustausch, diverse Konzentrationsprozesse, die von „cross ownerships" über oligopole Marktherrschaft bis hin zur monopolen Standardisierung reichen, verstärken sich. Immer weniger Medienproduzenten produzieren immer mehr Programme, nationale und kleinere Konzerne widmen sich vornehmlich der Verteilung und des Marketings der Produkte. Zwar steigt die Zahl der Distributionsinstanzen, also der Fernseh- und Radiostationen, der Datenbanken, der Online-Dienste etc. ständig, aber die inhaltliche Vielfalt stagniert oder vermindert sich sogar. Allerdings fehlen für ihre empirische Verifikation wiederum nicht nur solide und anerkannte Kriterien, sondern auch die erforderlichen Vergleichsmessungen, so daß es sich abermals nur um ungesicherte Beobachtungen und Trendeinschätzungen handelt.

Vielen wird die amerikanische Hegemonie auf den Medienmärkten mehr und mehr bedrohlich, und sie fordern dagegen effektive Maßnahmen. In der Europäischen Union werden sie vor allem von Frankreich forciert und haben bereits zu Präventionen für europäische und nationale Medienproduktionen geführt. In den europäischen Staaten – etwa in Großbritannien und Deutschland – wird das Konzept des gemeinschaftlichen, öffentlichen Rundfunks als Stütze moderner Demokratie, sein Status als public service, allmählich von Marktmaximen verdrängt. Wie lange das heute duale System von öffentlich-rechtlichem und privat-kommerziellem Rundfunk noch existieren wird, scheint ungewiß, zumal die Verfechter der Privatisierung immer lauter und ungenierter dessen Schleifung fordern. Bei den Online-Medien wurde es jedenfalls nicht einmal mehr experimentell erprobt, obwohl die Bundesregierung noch Ende der 70er Jahre in ihrem damaligen „Programm zur Förderung von Information und Dokumentation" propagierte: Die elektronische, virtuelle Bibliothek sollte so öffentlich, zugänglich und für alle erschwinglich sein wie heute noch die konventionelle (Bundesminister 1979, Becker 1984). Das Internet hat die Vision der gemeinschaftlichen, öffentlichen Datenkommunikation zwar noch einmal beflügelt (Münker/Roesler 1997; Jarren 1998), aber: je mehr es sich verbreitet und je intensiver es genutzt wird, um so nachhaltiger schreitet seine Kommerzialisierung voran: Werbung auf den Web-Seiten („banners"), geschlossene Intranets und kommerzielle Online-Dienste bestimmen zunehmend seine Angebote.

Die konventionellen Programmedien verabschieden sich zunehmend von ihren (anerkannten) kulturellen, publizistischen und sozialverpflichtenden Aufgaben – oder werden dazu gedrängt. In der Europäischen Union, inbesondere durch die Direktiven der Kommission, wird Rundfunk vorwiegend als Wirtschaftsgut gesehen (Wilke 1996, 6). Staatliche, für die politische Verfaßtheit konstitutive Regelungen für die Medien werden verstärkt zugunsten unternehmerischer Freiheit und internationaler Konkurrenzfähigkeit (Standortsicherung) zurückgenommen. Ein Wettlauf der Staaten um Deregulierung des Marktes steuert medien- und kommunikationspolitische Entscheidungen, deren Folgen heute noch unabsehbar sind. Markt, Werbung und Akzeptanz bestimmen das Warengeschäft der Medien, die Programme verändern sich entsprechend. Berufsrolle und Selbstbild der Journalisten und Medienmacher verschieben sich vom Wächteramt und Aufklärer zum Verkäufer und Entertainer (Weischenberg u. a. 1994; Scholl/-Weischenberg 1998), die Produktion wird unter Kostenersparnis und Effektivierung industrialisiert, also rationalisiert, standardisiert und serialisiert. Das Publikum bzw. seine Zielgruppen werden nach vermarktbaren Lebensstilen und Konsumgewohnheiten aufgesplittet und von immer spezielleren, inhaltlich beschränkten Medienprodukten bedient, so daß Universalität und Integration bei potentiell wachsender Informationsfülle auf der Strecke bleiben.

3. Mediennutzung: ökonomische Relevanz und gesellschaftlich-kommunikative Dimensionen

3.1. Medien- und Konsumforschung en gros

Wer welches Medium wann, wie lange, mit welchen Motiven und Befriedigungen (Gratifikationen) oder auch Enttäuschungen nutzt, das gehört zu den am meisten und aufwendigsten untersuchten Fragen der Massen- bzw. Medien-Kommunikation. Verantwortlich dafür ist primär die doppelte Marktabhängigkeit der Medien: Einerseits müssen sie auf dem Werbemarkt erfolgreich sein, Inserenten müssen Werbeplätze kaufen. Andererseits müssen die Medien von den Rezipienten (Leser, Hörer, Zuschauer, Nutzer) gekauft und genutzt werden. Diese beiden Märkte sind wechselseitig voneinander abhängig, denn kein Inserent kauft sich bei Werbeträgern ein, die nicht beachtet und genutzt werden. Aber mit der wachsenden Zahl der Medien und dem anhaltenden, mächtigen Boom der Werbung werden die Medien zunehmend stärker vom Werbemarkt abhängig: Zu mehr als 50 Prozent finanzieren sich Zeitschriften aus Werbung, manche fast gänzlich, zu über 60 Prozent die Zeitungen. Kommerzielles Radio und Fernsehen tun es ebenfalls vollständig, letzteres als sogenanntes „free tv", obwohl die Verbraucher die horrenden Aufwendungen für die Werbung letztlich an der Ladenkasse bezahlen müssen.

„Durch die ganze Presse hin [hat] die Zeitung den Charakter einer Unternehmung [...], welche Anzeigenraum als Ware produziert, die durch einen redaktionellen Teil absetzbar wird", wußte schon Karl Bücher (1926, 21, zit. nach Aufermann 1973, 553). Der Verleger oder Medieneigner verkauft mithin ein demoskopisch erkundetes und publizistisch, d. h. von einem Medienprodukt gestiftetes Publikumssegment an potentielle Inserenten, indem er ihnen Bindung, Aufmerksamkeit und Aufnahmebereitschaft des Publikums für die Inserate verspricht. Diese Aufmerksamkeit und Fesselung erzeugt er mittels des redaktionellen Umfeldes (Franck 1998). Heute läßt er sie außerdem von der demoskopischen Nutzungsforschung wissenschaftlich nachweisen, die zahllose Meinungs- und Marktforschungsinstitute erbringen. Die Inserenten finanzieren dem Verleger den Großteil seiner Aufwendungen, die er für seine publizistische Tätigkeit braucht.

In diesem Kalkül sind die Rezipienten unweigerlich abhängige Größen: Sie sind notwendig, aber nicht ausreichend für den Erfolg eines Medienprodukts, und sie sind es heute zunehmend weniger in ihrer Quantität (gemessen an der Auflage bzw. der Reichweite des Medienprodukts) als in einer bestimmten, soziodemogra-

phisch und ökonomisch relevanten Qualität. Wird nämlich die Auflage zu hoch
bzw. die Verbreitung zu groß, steigen die Kosten für die Werbung beträchtlich,
mitunter so sehr, daß eine Anzeige für viele Inserenten zu teuer wird. Mit der
Verbreitung erhöhen sich die Streuverluste, also die Wahrscheinlichkeiten, daß
die Inserate nicht die Adressaten erreichen, die für die beworbenen Waren dispo-
niert und/oder kaufkräftig genug sind. Druckerzeugnisse lassen sich durch die
technologischen Innovationen inzwischen in recht geringen Auflagen zu tragbaren
Kosten herstellen; allein die Distribution erweist sich heute als erheblicher
Kostenfaktor, zumal wenn der Absatz bei der Vielzahl ähnlicher Produkte und
geringerer Konsumtenbindung immer riskanter wird. Bei den elektronischen
Medien ist die Transportknappheit durch Kabel und Satellit weitgehend überwunden; die Digitalisierung wird außerdem eine viel exaktere Bedienung von
Zielgruppen ermöglichen. Daher werden kleine, homogenere Publika für mediale
Sparten- und Spezialprodukte attraktiv, wohingegen große Massenpublika immer
weniger erreichbar und aus ökonomischem Kalkül immer weniger gefragt sind.

Solange sich das Fernsehen noch an große Publikumsmassen richtet, kämpft
die Fernsehwerbung mit diesem Problem: Ihre Spots sind die teuersten, weshalb
sie sich nur noch große Konzerne und Markenartikel leisten können. Aber das
angesprochene Publikum streut viel zu breit, so daß die jeweiligen Werbeappelle
nicht exakt adressiert sind. Außerdem ist es in den meisten Sendezeiten soziolo-
gisch, bezogen auf ihre Kaufkraft, fehlbesetzt: Denn tagsüber sitzen vornehmlich
Kinder, ältere Menschen (Kübler u. a. 1991) und andere, sozial Benachteiligte wie
Arbeitslose vor dem Bildschirm. Nur in den Abendstunden, der „prime time“,
und an Wochenenden erreichen die Spots die interessanten, weil konsumfreudigen
14- bis 49jährigen, weshalb in dieser Zeit die Spots zu Höchstpreisen verkauft
und am massivsten plaziert werden. Doch im Publikum wachsen Ablehnungen
und Vermeidungsstrategien gegenüber der Fernsehwerbung, mit der Fernbedie-
nung lassen sie sich bequem realisieren. Demnach ist es mit der Attraktion und
Aufmerksamkeit der Fernsehspots nicht zum Besten bestellt. Wie bei den ge-
druckten Anzeigen werden diese Kriterien in speziellen Tests gemessen (Schulz
1994, 203ff.; Schrott/Schulz 1995).

Der Fernsehwerbung schreiben die Mediaplaner deshalb eher begrenzte Funktionen in ihren Marketingkonzepten und Media(Mix)Strategien zu: Meist fungieren die Spots als plakativer Anreiz für neu einzuführende Waren oder als perio-
disch geschaltete Erinnerung für schon eingeführte, aber immer wieder zu bestätigende Produkte. Viele Werbestrategien setzen im Fernsehen inzwischen auf indi-
rekte Werbeformen, mit denen sich nicht zuletzt gesetzliche Auflagen umgehen
lassen: *Product Placement* ist die notorische, aber auffällige Plazierung von
Waren in der dramaturgischen Handlung, und sie gehört inzwischen zum kaum
mehr beanstandeten Repertoire von Shows, Serien und Spielfilmen. Auch *Spon-
soring* wird immer üblicher, nicht nur bei Sport und Kultur, sondern inzwischen
auch für den Krimi am Wochenende und für den Spielfilm am Abend. In Quiz-

und Ratesendungen, Game-Shows und Gala-Abenden bieten sich diverse Arrangements an, die mitunter schon ganz von den Marketingabteilungen entwickelt und produziert werden. Sie werden auch als fertige Programme gegen die unentgeltliche Ausstrahlung durch den Sender getauscht: „bartering" nennt die Branche diese moderne Form des Tauschhandels. Dabei ist das Markenemblem geschickt integriert und/oder wird durch zahlreiche Preise eingeschleust. Beim teleshopping sind Werbung und interaktiver Konsum ohnehin nicht mehr zu trennen. Public relations oder – noch unverfänglicher: Öffentlichkeitsarbeit – dominiert zunehmend die gesamte Branche, auch den Journalismus.

Beobachter prognostizieren, daß der Markt für die traditionelle Fernsehwerbung ausgereizt ist. Die jüngsten Wachstumsraten hätten nur noch den Nachholbedarf klassischer Fernsehkanäle ausgenutzt. Wenn die Zahl der Kanäle weiter steigt, werden die Publika bzw. die Reichweite der Spots immer geringer. Regional- und Spartenprogramme sprechen ohnehin nur noch kleine Publika mit begrenzten Reichweiten an. Daher lassen sich die bislang erzielten Zuwächse der Werbung nicht mehr ausweiten, ebenso sinken die Gewinnmargen. Aber auch privatkommerzielles Stadtfernsehen läßt auf sich warten. Für die großen Companies – wie Kirch und Bertelsmann – wird das Bezahl- oder Abonnementfernsehen in verschiedenen Varianten (bis hin zur Internet-Version) immer interessanter; es soll das „free tv" zumindest ergänzen.

Andere Optionen sehen – soweit und solange die elektronischen Medien breit streuende, unspezifische Publikumsmedien bleiben – Inserenten und Verleger (noch) in der Entwicklung und Lancierung zahlreicher Special-Interests-Zeitschriften. Sie vermehrten sich in den 80er Jahren erheblich, oftmals mit beträchtlichem Anfangsrisiko und mit durchschnittlich sinkenden Auflagen. Auch jetzt ist der Markt der populären Zeitschriften – die in der Branche bezeichnenderweise noch Publikumszeitschriften heißen – ständig in Bewegung, besonders der der Programmzeitschriften, und bringt immer wieder neue Varianten hervor – mit promptem Preiskampf um die engen Marktanteile. Die Segmentierung geht primär zu Lasten der breit streuenden Titel; einige davon wie die *BUNTE* sind bereits gestorben, andere lange unangefochtenen Auflagenrenner wie *STERN* und *BRIGITTE* müssen Einbußen verkraften. Die Verlage reagieren darauf mit der Gründung von „Zeitschriften-Familien", indem sie bestimmte Zielgruppen wie Mädchen und junge Frauen (*Young Miss*) oder besonders attraktive Themenfelder (wie *STERN Konr@d*) mit Ablegern des Mutterblatts bedienen. Dadurch lassen sich nicht nur die Redaktionskapazitäten besser nutzen, auch viele Inhalte und ‚Geschichten' können in unterschiedlicher Version mehrfach verwertet werden (vgl. die laufende Berichterstattung über den Zeitschriftenmarkt in *Media Perspektiven*, zuletzt Röper 1998).

Um Nutzungsvorlieben und -gewohnheiten der Rezipienten und potentiellen Werbeadressaten exakt und detailliert zu erforschen, wenden die Medienkonzerne beträchtliche Summen auf und preisen ihre (Medien)Produkte den (Inserenten)-

Kunden meist in attraktiven Darstellungen an. Kommerzielle Markt- und Meinungsforschungsinstitute wie die *Gesellschaft für Konsum-, Markt und Absatzforschung e. V. (GfK)* in Nürnberg, das *Institut für Demoskopie (IfD)* in Allensbach, *Emnid* in Bielefeld und *Forsa* in Dortmund liefern dafür ständig Publikumsdaten.

Diese ‚deskriptive Medien- und Kommunikationsforschung‘ arbeitet mit statistisch-repräsentativen Methoden. Befragt werden Bürger in Ad-hoc-Stichproben oder in Panels (länger angelegte Stichproben) primär nach ihren Nutzungs-, Konsum- und Alltagsgewohnheiten, ferner nach ihren Meinungen und Einstellungen zu Produkten, Dienstleistungen und Medienangeboten oder anläßlich von Wahlen nach politischen Präferenzen. Aus diesen Befragungsdaten werden Marktanteile, Nachfragetendenzen und Nutzungsprofile errechnet. Mittels immer leistungsfähigerer Datenverarbeitung lassen sich immer mehr Daten integrieren, so daß die errechneten Muster immer komplexer und dichter werden (Schulz 1994; Schrott/Schulz 1995; Neumann-Bechstein 1997).

Für Medien ist die grundlegende Maßeinheit die *Reichweite* in einem bestimmten Erscheinungsintervall. Sie mißt den Anteil der Bevölkerung oder einer Zielgruppe, die zu einem festgelegten Zeitpunkt oder in einem bestimmten Zeitraum Kontakte mit einem bestimmtem Medium bzw. Medienprodukt haben: Gemessen werden etwa der Leser pro Nummer (LpN) eines Zeitschriftentitels pro Quartal bis hin zum Leser pro Seite (LpS) (Schulz 1994). Unterteilt wird in Brutto- oder objektive Reichweite, also in potentielle Quoten der Erreichbarkeit, und in Netto- oder subjektive Reichweite. Die Bruttoreichweiten werden bei den Printmedien mit den Auflagen bzw. den Abonnentenzahlen korreliert, die Nettoreichweiten beschreiben den tatsächlichen Kontakt oder die tatsächliche Nutzung an einem bestimmten Stichtag, wobei bei den Druckmedien genügt, daß der Befragte sie in der Hand gehabt hat, ohne daß er sie ganz oder Teile gelesen hat. Bei den elektronischen Medien meint Brutto die technischen Raten wie Gerätebesitz und Anmeldungen. Als Nettoreichweiten mißt man für das hiesige Fernsehen permanent die Einschaltquoten oder Ratings bei repräsentativ ausgewählten Haushalten. Beim Hörfunk werden die Nutzungszeiten am Tag vor der Befragung („yesterday-Interview") registriert. Dabei reicht wiederum aus, wenn der Rezipient in einem bestimmten Zeitintervall das Radio oder den Fernsehapparat einschaltet bzw. sich in dem Raum mit dem eingeschalteten Gerät aufhält, um als Hörer oder Zuschauer gezählt zu werden – auch wenn er vorrangig in dieser Zeit etwas anderes tut und dem Medium wenig oder auch gar keine besondere Aufmerksamkeit widmet.

Seit 1988 haben sich die öffentlich-rechtlichen Rundfunkanstalten (ARD und ZDF) mit den privatwirtschaftlichen Sendern zur *Arbeitsgemeinschaft Fernsehforschung* zusammengetan und die GfK mit der permanenten Erhebung der Einschaltquoten beauftragt; weitere Privatsender nehmen diese Daten inzwischen als Lizenzen. Diese GfK-Daten gelten inzwischen als unangefochtene Maßstäbe für die hart umkämpften Marktanteile der Sender und für die Akzeptanz von Sendungen. Sie dienen nicht nur der Programmentscheidung oder der Erfolgskontrolle; vor allem berechnen sie die sogenannten Tausenderpreise für die Werbung, also die Preise pro Werbeminute, bezogen auf tausend Zuschauer. Auch wenn hin und wieder Zweifel an der Validität und Angemessenheit der GfK-Daten aufkommen – öffentlich diskutiert wurden sie bei der Erweiterung des Panels auf die neuen Bundesländer Anfang der 90er Jahre –, an diesem Registriersystem mag niemand rütteln. Es fungiert als eine Art Währung, kann allerdings höchstens relative Proportionen abbilden. Deshalb sind absolute Angaben von Zuschauerquoten, zumal für kleinere Populationen, besonders ungenau, selbst wenn sie regelmäßig mit numerischer Präzision vorgebracht werden.

Methodisch ist die GfK-Erhebung eine Messung, genannt „Telemetrie"; vordergründig scheint sie ‚objektiver‘ als eine Befragung zu sein, da die Individuen ihr Verhalten nicht selbst erinnern und einschätzen müssen: Ein an den häuslichen Fernsehapparat angeschlossenes Meßgerät registriert in den derzeit 5200 Panelhaushalten mit rund 12000 Personen pauschal alle Einschaltungen und Nutzungen des bzw. der Fernsehgeräte (bis zu 99 Programme, inclusive Bildschirmtext und Videotext, via Antenne, Kabel oder Satellit) sowie des oder der Videorecorder (unterteilt in aufgezeichnete Sendungen und Fremdcassetten), und außerdem für jedes Familienmitglied und für potentielle Gäste gesondert. Die im Sekunden-Intervall erhobenen Daten werden nachts automatisch an einen zentralen Rechner abgegeben, dort ausgewertet und liegen bereits am nächsten Tag den Abnehmern, den Programmverantwortlichen und Fernseh-Redakteuren, vor. Außerdem werden subtil ausgewertete Quartals- und Jahresübersichten sowie Sonderauswertungen für Zielpublika und Programmtypen erstellt (Neumann-Bechstein 1997; GfK-Fernsehforschung 1998).

Der Hörfunk muß sich mit periodischen Stichtagsbefragungen begnügen, die im Rahmen der jährlichen *Media-Analyse (MA)* mit rund 60000 persönlichen Interviews durchgeführt werden. Gefragt wird nach der Mediennutzung am Tag zuvor in 15-Minuten-Intervallen sowie nach Tagesabläufen, und diese Daten werden verglichen mit den im Jahr zuvor erhobenen. Diese Erhebungen führt die *Arbeitsgemeinschaft Media-Analyse (AG.MA)* für fast alle eingeführten medialen Werbeträger „für deren Media- und Marketingplanung" durch. Erhoben wird in drei Tranchen und in drei Stichproben: die Presse-Tranche (für Printmedien), seit 1996 zweimal im Jahr, die elektronische Tranche (für Hörfunk und Fernsehen) und als Besonderheit eine sogenannte Parallelwelle zur Kontrolle und zum Ausgleich jahreszeitlicher Schwankungen. Die beiden Standardtranchen werden in jeweils drei Wellen erhoben und haben als Grundgesamtheit jeweils die deutsche Bevölkerung in Privathaushalten am Ort der Hauptwohnung ab 14 Jahren und in Privathaushalten mit deutscher Bezugsperson. An der Einbeziehung von Ausländerhaushalten wird gearbeitet. Für alle Stichproben wird ein Schichtungsverfahren verwendet, und die Auswahl der Befragten erfolgt mittels einer systematischen Zufallsauswahl in drei Stufen. Dieses Verfahren ist nicht unumstritten, da die Daten bei unterschiedlichen Personen erhoben werden, die nur in bestimmten sozialstatistischen Merkmalen identisch sind. Anschließend werden die Daten ‚fusioniert', d. h., aus ihnen werden einheitliche Stichproben konstruiert. Außerdem läßt sich die Grundgesamtheit meist nur zu 80 Prozent ausschöpfen, so daß die Daten gewichtet werden müssen, d. h., ihre Anteile werden auf die Grundgesamtheit umgerechnet.

Als dritte repräsentative Erhebung der Mediennutzung führt das Institut für Demoskopie in Allensbach seit 1958 jährlich seine *Allensbacher Werbeträger-Analyse (AWA)* durch. Sie umfaßt über 200 Printtitel, über 60 Tarifkombinationen, Werbefernsehen und -funk. In rund 20 000 Interviews, nach dem Quota-Verfahren ausgesucht, werden Nutzungsdaten erhoben, und zwar anders als bei der AG.MA im „Single-Source-Verfahren", d. h.: für jede Frage wird nur eine Quelle, ein Proband, und nicht mehrere bemüht (Schulz 1994; Schrott/Schulz 1995).

Weitere Erhebungen, nicht in solch repräsentativer Dichte und Reichweite, oft auch in unregelmäßigen Abständen, führen die Medienkonzerne selbst durch: etwa die *Verbraucher-Analyse (VA)* der Verlage Heinrich Bauer und Axel Springer, die *Typologie der Wünsche (TdW)* von Burda oder die *Markenprofile- und Kommunikationsanalyse* von Gruner & Jahr. Für die Tageszeitungen haben der *Bundesverband Deutscher Zeitungsverleger (BDZV)*, die Regionalpresse und die Standortpresse mehrere Gemeinschaftserhebungen durchführen lassen, zuletzt die Studie *Junge Leser für die Zeitung* (Noelle-Neumann/Schulz 1993; Noelle-Neumann 1998). Jüngste Analysen betrachten nicht zuletzt den neuen Markt der Online-Nutzer (Burda 1997, zuletzt: Onlinemedien 1998).

Die Nutzung der Medien wird freilich nicht nur ermittelt, um die Publika und ihre Mediengewohnheiten zu vermessen; vielmehr liegen ihnen auch – meist unausgesprochen – gewisse Plausibilitätsannahmen über potentielle Wirkungen der Medien zugrunde, so der ehemalige Medienreferent des Süddeutschen Rundfunks Hansjörg Bessler (1986, 121f):

> Sie lauten etwa: „Wer nicht erreicht wird, kann nicht beeinflußt werden. Wer aber häufig, intensiv und konzentriert das Zielgruppenangebot nutzt, die Quelle auch als glaubwürdig einschätzt und sich an einzelne Inhalte gut erinnern kann, wer ein potentieller Käufer ist und dann auch noch die Bereitschaft zur Verhaltensveränderung zeigt, um schließlich ein beworbenes Produkt zu erwerben, bei dem werden die höchsten Wirkungspotentiale konstatiert."

Bis vor kurzem haben die öffentlich-rechtlichen Rundfunkanstalten gesonderte Erhebungen für bestimmte Publikumsgruppen in Auftrag gegeben; ob sie es weiterhin tun, dürften wohl vor allem die finanziellen Ressourcen und medienpolitischen Prioritäten entscheiden. So liegen aus den 80er Jahren Studien über die „Vielseher" (Buß u. a. 1985), über Jugendliche (Bonfadelli u. a. 1986), Ausländer (Darkow u. a. 1985), ältere Menschen (Eckhardt/Horn 1988) und zuletzt über die Mediennnutzung von Kindern im vereinten Deutschland (Klingler/Groebel 1994) vor. Für die privaten Veranstalter haben insbesondere die großen Landesmedien-

anstalten eine rege Forschungstätigkeit entwickelt, deren Ergebnisse schon in
mehrbändigen Reihen dokumentiert sind (Jarren 1992; Weiss 1998). Auch bei
wichtigen Entscheidungen über Programmstrukturen und -innovationen werden
die Erwartungen und -einstellungen von Rezipienten erfragt (Bessler 1980; 1986;
Frank 1989; Frank u. a. 1991).

Schließlich hat die Bundesregierung – laut offiziellen Darstellungen (zuletzt
Presse- und Informationsamt 1996; 1998, 196ff) – etliche Studien zur „Mediennutzung und Medienwirkung" in Auftrag gegeben. Sie zeigen vorderhand das
politische Interesse an kommunikations- und medienwissenschaftlicher Forschung. Allerdings sind sie nicht alle hinreichend veröffentlicht und zugänglich,
so daß ihr wissenschaftlicher Wert und ihre sachliche Ergiebigkeit nicht ohne
weiteres überprüft werden können. Evaluative Studien über ihre Einflüsse auf und
Befolgungen im politischen Handeln sind selten (Kübler 1999).

3.2. Analytische Besonderheit: Kontinuierliche Beobachtung der Nutzung tagesaktueller Medien

Über 30 Jahre lang ließ die Medienkommission von ARD und ZDF die Nut-
zungsgewohnheiten der Bundesbürger und ihre Einschätzungen im wesentlichen
für die aktuellen Medien Tageszeitung, Hörfunk und Fernsehen repräsentativ erheben. Diese Daten liegen inzwischen für sieben Befragungswellen etwa im Abstand von fünf Jahren (Stichjahre sind 1964, 1970, 1974, 1980, 1985, 1990,
1995) vor und bieten damit in dieser zeitlichen Erstreckung und inhaltlichen
Dichte einen einmaligen, empirischen Fundus für signifikante Kontinuitäten und
Wandlungen der Lebensgestaltung, insbesondere des Kommunikations- und Frei-
zeitverhaltens (zuletzt Berg/Kiefer 1996). Vor allem läßt sich nun in der Retro-
spektive erkennen, wie einschneidend sich die Privatisierung von Hörfunk und
Fernsehen auswirkt. 1995 sahen sich „ARD und ZDF [...] angesichts ihrer ange-
spannten Finanzlage außerstande, die Wiederholungsstudie 1995 zu finanzieren",
schreibt der Intendant des Hessischen Rundfunks in seinem Vorwort (Berg, 1996,
5). Die Bundesregierung sprang dafür ein – womit sich abermals Verschiebungen
medienpolitischer Prioritäten andeuten könnten. Denn besonders die letzte Erhebung in 1995 weist aus, daß sich polarisierende Tendenzen in der Gesellschaft
merklich verstärken und die Bevölkerung wie deren Mediennutzung auseinanderdriften: etwa in die, die mit der Medienfülle zurecht kommen und als „Informationsreiche" bezeichnet werden, und in die, die dem Boom erliegen, vornehmlich Dauernutzer von Unterhaltungs- und Spielangeboten werden und deshalb als
„Informationsarme" gelten: „Die Indienstnahme der Medien nur noch zu Un-
terhaltungs- oder Zerstreuungszwecken und die Abwendung großer Teile – vor
allem der jüngeren Bundesbürger – von medial vermittelter Information sowie die

wachsende Bedeutung des Fernsehens als Zeitlückenfülle" habe sich nachweislich verstärkt, so das Resümee der Studie (ebd., 6).

1990 wurde erstmals die Bevölkerung der neuen Bundesländer berücksichtigt. Die Trendbefunde wiesen damals in eine ziemlich andere Richtung. Als mögliche Gründe dafür geben die AutorInnen zu bedenken, daß das Jahr 1990 unverhältnismäßig ereignisreich und daher möglicherweise für die kontinuierlichen Trends untypisch war. Die Massierung wichtiger Ereignisse mag mitbewirkt haben, daß sich die 1985 diagnostizierte Differenzierung der Mediengebrauchs entlang individueller Lebensentwürfe 1990 nicht verstärkte; vielmehr kamen „medienübergreifende kommunikative Grundorientierungen" zum Vorschein, die einen nicht unerheblichen Teil der Lebensgestaltung bestreiten. Es überwog die Vielnutzung des Fernsehens. Die frühere These von seiner „schwindenden Faszination" ließ sich für 1990 nicht bestätigen. Gerade die jüngeren Generationen, die nach 1954 Geborenen, nutzten Fernsehen erheblich intensiver, allerdings vorwiegend die privatkommerziellen Angebote.

Insgesamt läßt sich die bundesdeutsche Medien- und Fernsehgeschichte – vor allem mit Blick auf die Rezeption – in drei Phasen einteilen:

1. Zwischen 1964 und 1974 [bestand] eine Phase raschen Wandels durch schnelle Ausbreitung des neuen Mediums Fernsehen bis zur Vollversorgung der westdeutschen Bevölkerung sowie durch den Auf- und Ausbau des Programmangebots der öffentlich-rechtlichen Rundfunkanstalten.
2. Von 1974 bis 1985 [erstreckte sich] eine Phase relativer Konstanz der Medienversorgung, des Programmangebots – Entwicklungen beim Hörfunk ausgenommen – und der Anbieterstruktur, die im Bereich der elektronischen Medien Fernsehen und Hörfunk ausschließlich öffentlich-rechtlich organisiert ist.
3. Seit 1985 schließlich herrscht in der Bundesrepublik eine Phase des Umbruchs des Mediensystems durch die Einführung des dualen Rundfunks mit einschneidenden Veränderungen seiner quantitativen und qualitativen Nutzung: Die Vervielfältigung der Fernsehprogramme ging einher mit einem kräftigen Schub ihrer Nutzung, besonders bei den unter 30jährigen, die ihren Fernsehkonsum zwischen 1985 und 1990 erheblich ausweiteten. Dies gilt besonders für die 14- bis 19jährigen, die erstmals mehr fernsahen, als sie auditive Medien (Radio, Platten, CDs) hörten (Berg/Kiefer 1992, 272ff.)

1995 folgen Präferenzen und Muster der Mediennutzung den allgemeinen Tendenzen nach Pluralität und Desintegration in der Gesellschaft, sofern sie sie nicht selbst anstoßen oder verstärken (Berg/Kiefer 1996): Nie zuvor bei den Erhebungen erreicht das Fernsehen einen so großen Bevölkerungsanteil – nämlich über 80 Prozent täglich – und beansprucht soviel Zeit wie 1995. Mit über zweieinhalb Stunden täglich sehen die Bundesbürger ab 14 Jahren deutlich länger fern als vor zehn Jahren. Besonders tun es die Menschen in den neuen Bundesländern mit über drei Stunden, die älteren, deren formale Bildung niedrig ist und die sich für politische Fragen wenig interessieren. Aber auch unter den Jugendlichen ist die Fernsehnutzung kräftig angestiegen und erreicht nun ebenfalls zweieinhalb Stunden – im Osten wiederum mehr als im Westen. Mithin übertrifft das Fernsehen

die auditiven Medien an täglichem Zeitaufwand und hat sie als Jugendmedien abgelöst, wofür gerade die Musikkanäle kräftig sorgen. Die gestiegene Bedeutung
des Fernsehens erweist sich zum einen als „gewohnheitsmäßige, beiläufige und
begleitende, zeitfüllende" Alltagsroutine, wobei die außerhäusigen Freizeitbeschäf-
tigungen zumal unter der Woche bei geringeren Einkommen zurückgehen; diese
Bedeutung zeigt sich vor allem aber in qualitativer, inhaltlicher Hinsicht: nämlich
in der massiv gewachsenen Neigung zur pausenlosen Unterhaltung und zur
weitgehenden Vermeidung von Informationsangeboten, vor allem von politischen
und anspruchsvollen Sendungen. Entpolitisierung und sensationsorientierter
Eskapismus werden dadurch zu markanten Kennzeichen des gegenwärtigen Fern-
sehkonsums.

Materielle Voraussetzung für den extensiven Fernsehkonsum ist eine deutlich
bessere Ausstattung mit modernen Geräten (mit Satelliten- und Kabelanschluß)
und mit Videorecordern. Nur geringfügig stieg die Zahl der zweiten und dritten
Fernsehapparate: Die Medien-Geräte sind zwar moderner geworden, haben sich
aber nicht drastisch vermehrt. Dieser kontinuierlich steigende, aber nicht über-
bordende Trend zeigt sich zum einen bei den neuesten, den sogenannten interaktiven Medien, ein PC 1995 ist nur in einem Viertel aller Haushalte vorhanden
(ebd., 26). Zum anderen läßt er sich belegen an den monatlichen Aufwendungen
für Medien, die in prototypischen Haushalten in Ost- und Westdeutschland
errechnet werden: Danach ist der Anteil für diese Aufwendungen am privaten
Verbrauch im Westen in den 90er Jahren stabil geblieben, bei etwa drei bis vier
Prozent, im Osten ist er von fast fünf Prozent auf knapp unter vier Prozent
gesunken. Der Nachholbedarf scheint dort mittlerweile ausgeglichen zu sein (oder
die stagnierenden, wenn nicht rückläufigen Einkommen erlauben keine weiteren
Anschaffungen und größeren Ausgaben mehr) (Media Perspektiven 1998, 86).

Auch die Einstellungen, zumal im Vergleich zur Tageszeitung und zum Hörfunk, spiegeln den – allerdings zwiespältigen – Bedeutungsgewinn des Fernsehens wider: Die Bindung an den Bildschirm, die sich bis 1985 zusehends locker-
te, nimmt 1995 wieder zu, auf das Niveau von 1974 und 1980. Allerdings hat
sich das Meinungsbild der Bundesbürger über das Fernsehen gegenüber 1985
weiter verschlechtert, aber dies betrifft vor allem seine politische Informationsfunktion. Seine Unterhaltungsfunktion hat hingegen an Akzeptanz gewonnen,
namentlich im Vergleich zu den beiden anderen Medien: Diese können nämlich
bestenfalls stagnierende, weithin aber rückläufige Werte aufweisen. Der Hörfunk
hat seine Nutzungsquoten bei der Information (Nachrichten) allenfalls halten
können, als Freizeitmedium hat er verloren. Die Bindung an ihn schrumpft, das
Meinungsbild über ihn verschlechtert sich. Die Nutzung der Tageszeitung ist
deutlich gesunken, inbesondere im Osten – wo sie früher häufiger genutzt wurde;
unter Jugendlichen hat sie die meisten täglichen Leser verloren. Auch die Bindung an die Zeitung hat sich gelöst, wohingegen sie ihr Image bei den nun
wenigeren Lesern und Leserinnen stabilisieren kann und daher nun – erstmals in

der Geschichte dieser Erhebung – auf dem zweiten Platz vor dem Hörfunk rangiert (Berg/Kiefer 1996, 270f.).

Insgesamt überlagert der erhebliche Nutzungs- und Attraktivitätsgewinn des Fernsehens als Unterhaltungsmedium die sich bislang abzeichenden, unterschiedlich motivierten Mediennutzungsmuster; sie werden außerdem zum einen in der konkreten Wahrnehmung inhaltlich-programmlicher Präferenzen, zum anderen hinsichtlich der Nutzung und Wertschätzung von Hörfunk und Tageszeitung sichtbar. So ist die geschrumpfte Leserschaft der Zeitung in ihrer Interessenlage homogener geworden, der Hörfunk hat als „Jugendmedium" an das Fernsehen verloren und sucht nun als weitgehend in Sparten getrenntes Angebotmix – als „Format-Radio" – nach relativ konsistenten Programmgruppen. Betrachtet man alle drei Medien hinsichtlich ihres Informationsangebots zusammen, so läßt sich ein Fünftel des Publikums als „informationsorientiert" und ein anderes als notorische „Informationsvermeider" charakterisieren. In solchen Größenordnungen und Deutlichkeit haben die Studien zuvor diese Typen nicht verzeichnet (ebd., 273).

Jeweils von den Definitionen und von den in sie eingehenden Bewertungen hängt ab, ob man diese Polarität als Nachweis der vielfach diskutierten wachsenden Wissensklüfte (siehe Kap. 2.10.3. u. 4.2.3.) oder gar als „doppelten Privilegierungszusammenhang" wertet: „Die bereits Informationsreichen wenden sich nicht nur regelmäßig den informationsreicheren Printmedien zu, ihre Mediennutzung ist überhaupt eher informationsorientiert, die ohnehin Informationsarmen aber meiden nicht nur die Printmedien, eine informationsorientierte Mediennutzung ist generell weniger habitualisiert", resümieren Berg und Kiefer (1996, 285) ihre bislang letzte Erhebung zur „Massenkommunikation".

3.3.   Paradigmenwechsel: Das aktive Publikum und der Nutzenansatz

Die wohl gründlichste Innovation bei Erkenntnissen und Methoden der Medienrezeptionsforschung war die schon angesprochene Umkehrung der Frage-Perspektive, die inzwischen vielfach als „Paradigmenwechsel" apostrophiert wird (Renckstorf 1977; 1984; 1989; Baacke/Kübler 1989; Krotz 1991; 1992a; 1992b; Holly/ Püschel 1993; Winter 1995; Charlton/Schneider 1997): Nunmehr wird die Mediennutzung nicht mehr primär von seiten bzw. unter der Maßgabe des Kommunikators aus betrachtet, nicht länger gelten Rezipienten als nur abhängige Größen (Variablen), auf die die Absichten des Kommunikators und die Reize des Mediums einwirken und die auf diese nur reagieren können. Vielmehr wird Medienrezeption und -nutzung aus der Sicht des Publikums untersucht und vorzugsweise gefragt, weshalb und wie Rezipienten die Medien nutzen. Diese Fragen werden besonders bei den interaktiven und Online-Medien vorrangig, da sie kaum mehr fixe Programme emittieren; vielmehr entstehen Inhalte und Konzepte erst durch die möglichst kompetenten Aktivitäten des Nutzers.

Paradigmatisch formulierten diese Rezipientenorientierung bereits 1962 die beiden Kommunikationsforscher Elihu Katz (geb. 1926) und David Foulkes und brachten sie auf die inzwischen berühmte Formel: „This approach proceeds from the assumption that the social and psychological attributes of individuals and groups shape their use of the mass media rather than vice versa. This is the approach that asks the question, not ‚What do the media do to people?' but rather ‚What do people do with the media?'" (Katz/Foulkes 1962, 378). In das Zentrum des Forschungsinteresses rückten also die Voraussetzungen (Dispositionen), Bedürfnisse, Gewohnheiten und Erfahrungen, die Menschen (auch unabhängig von den Medien) haben, die sie auch mit den Medien machen und auf sie richten. Insbesondere werden alltägliche Umgangsweisen („uses") erforscht, werden Erwartungen („demands") und Belohnungen („gratifications") untersucht, die mit den Medien verbunden sind, weshalb diese Forschungsrichtung „Uses and Gratifications Approach" (Nutzen- und Belohungsansatz) genannt wird (Katz et al. 1974).

Ihm gingen schon seit den 1940er Fragestellungen voraus, die nach Motiven der Mediennutzung fragten und in der Tradition des amerikanischen Funktionalismus stehen: Sie kümmerten sich also weniger um Wirkungen als vielmehr um funktionale Zusammenhänge, die Medien im Alltag der Menschen wahrnehmen bzw. die Menschen ihnen zuschreiben. So läßt sich zwischenzeitlich ein ansehnlicher Fundus solch „motivationaler Ansätze" (Drabczynski 1982; Schenk 1987, 369ff.) in der Medienforschung rekonstruieren, die sich in etlichen Variationen mit vielen methodischen Ausprägungen entfaltet haben. Ihre empirischen Bestätigungen zumal in internationalen Maßstäben sind beträchtlich und beeindruckend: Schweden, Israel und das Hamburger Hans-Bredow-Institut erwiesen sich zunächst als methodische Kristallisationspunkte für diesen Forschungsansatz (McQuail 1994). Erkennbar wird aber auch, daß motivationstheoretische Ansätze bereits an der Schwelle zur Erforschung der Medienwirkungen stehen (oder diese bereits überschritten haben), zumal die subjektiven Implikationen heute nicht mehr im medienfernen Kontext entstehen. Vielmehr bilden sie sich nicht zuletzt durch vielfältige Medienerfahrungen und -gewohnheiten heraus, sie sind mithin jeweils Produkte wie Faktoren der Mediennutzung. Vielfach wird daher der „Uses and Gratifications Approach" zur Medienwirkungsforschung gerechnet.

In die bundesdeutsche Diskussion führten die motivationstheoretische Forschung die beiden damaligen Vertreter des Hans-Bredow-Instituts, Karsten Renckstorf und Will Teichert, als „Nutzenansatz" ein, und sie modifizierten diese gegenüber den angloamerikanischen, schwedischen und isrealischen Vorbildern: Denn die hiesige Diskussion um den Begriff des Bedürfnisses ist sehr lang und disparat: In der Phase marxistischer Theorie kreiste sie vor allem um die Dichotomie der ‚richtigen' und ‚falschen' Bedürfnisse. Gerade die Massenmedien sind dafür prädestiniert, klagten etwa die Vertreter der Kritischen Theorie, den Menschen ‚falsche‘, also unauthentische Bedürfnisse einzuimpfen und sie mit Glücksversprechen und ideologischen Verklärungen vergessen zu machen, wie restriktiv ihre soziale Lage sei. Außerdem ist der Begriff des „Nutzens" in den Wirtschaftswissenschaften eine oft fixierte Größe. Mit den Theoremen des symbolischen Interaktionismus, namentlich mit dessen Konzepten der „Bedeutungs-Zuweisung" und des „sozialen, interaktiven Handelns", fundierten K. Renckstorf und W. Teichert ihren „Nutzenansatz" und erweiterten damit zugleich das Verständnis von „uses and gratifications" (Teichert 1972; 1973):

1977 faßte K. Renckstorf (1977, 15) die Kernpunkte des Ansatzes zusammen. Sie beziehen sich nicht nur auf das Fernsehen, sondern auf jedes Medium und dessen Rezeption. Aber besonders für das Fernsehen, dessen Rezeption von Kritikern vielfach als passives, dumpfes Dösen verurteilt wird, klangen die folgenden Thesen besonders provokativ:

> – [D]as Publikum der Massenkommunikation ist weit davon entfernt, ‚passiv‘ zu reagieren; das Zuschauer-Handeln ist vielmehr ein durchaus – und prinzipiell ‚aktiver‘ Vorgang, die Zuschauerhandlungen sind zielgerichtet, intentional;
> – die Zielorientierung des Zuschauer-Handelns resultiert nicht einfach aus bestehenden Prädispositionen/Attitüden bzw. aus vorgegebenen normativen Erwartungen, sondern erklärt sich aus vorhandenen Bedürfnissen, wahrgenommenen Problemen und Problemlösungsmöglichkeiten, mithin den Interessen innerhalb von je (subjektiv/objektiv) gegebenen sozialen Konstellationen, sozialen Interaktionszusammenhängen;
> – Mediennutzung, d. h. das konkrete Umgehen, das faktische Benutzen der Medien und ihrer Inhalte stellt nur eine von mehreren – funktional potentiell äquivalenten – Handlungsalternativen dar; Mediennutzung ist mithin nur innerhalb des Spektrums gesehener und/oder realisierbarer Handlungsalternativen verstehbar.

Ohne Kritik blieb die veränderte Orientierung an den Bedürfnissen und Motiven der Nutzer allerdings ebenfalls nicht. Denn sie ignoriert weitgehend, daß diese Regungen ihrerseits gesellschaftlich vermittelt, also ‚sozialisiert‘ sind. Daran haben die Medien selbst gewisse Anteile: Aber wie groß und wirksam sie für eine Gesellschaft, eine Generation oder ein Individuum sind – dies ist bislang eine noch wenig erforschte Frage in der Sozialisations- und Biographieforschung. Alltägliche Handlungen verlaufen gemeinhin spontan, intuitiv, gewohnheitsmäßig und unmerklich. Mit der Verbalisierung, zumal nach vorgegebenen Schemata, werden diese Einschätzungen gewissermaßen rationalisiert, mithin so dargestellt, als ob sie logisch, konsequent und motiviert geschehen. Das Individuum wirkt überlegt und reflektiert. Daher bilden Befragungen stets nur sprachlich kontrollierte und subjektiv vergegenwärtigte Konstrukte sozialen Verhaltens ab, nie dieses Verhalten unmittelbar. Besonders gilt diese Erkenntnis für so sensible Handlungsbereiche wie für Kommunikation und Medienrezeption, also für großenteils symbolische Handlungen.

In der Bundesrepublik ist der Nutzenansatz zunächst in der Studie „Kommunikationsverhalten und Buch" empirisch erprobt worden, die die Bertelsmann-Stif-

tung 1977 in Auftrag gab und 1978 begrenzt veröffentlichte (Infratest 1978). Im
Zentrum des Erkenntnisinteresses standen dabei das Buch und das Lesen. Bis
1989 war diese Studie die einzige, die repräsentativ die Nutzung von fast allen
Medien durch die bundesdeutsche Bevölkerung ermittelte – und zwar neben den
Erwachsenen über 18 Jahren erstmals auch die von Kindern und Jugendlichen
zwischen 6 und 17 Jahren. Für die Population ab 14 Jahren legte die Bertels-
mann-Stiftung im Sommer 1989 eine Nachfolgeuntersuchung (Saxer u. a. 1989)
vor, der es aber nicht möglich war (oder inopportun erschien), die Vergleichbar-
keit mit den früheren Daten herzustellen. Gleichwohl wurden aus ihren Befunden
Trendbeschreibungen und Vergleiche für den nun eingetretenen Wandel nach
zehn Jahren angestellt.

3.4. Theoretische Grundlegung und methodologische Revision: Qualitative Medienforschung und mediale Lebenswelten

Konsequenterweise verknüpften sich die motivationalen Ansätze zur Medienforschung hierzulande bald mit generellen methodologischen Fragen der sozialwis-
senschaftlichen Erfassung von Wirklichkeit, die sich in den 70er Jahren in der
Dualität von quantitativer und qualitativer Forschung zuspitzten: Wenn Rezipienten in der Mediennutzung aktiv sind, so die grundlegende Prämisse, dann können
sie bei empirischen Erhebungen nicht mehr zu passiven Objekten oder reduzier-
ten Variablen deklassiert werden. Vielmehr muß jede Erhebung, die über die
Erfassung äußerlicher Quantitäten und Daten hinausgelangen will, die Fähigkeiten
und Erfahrungen der zu Befragenden vorrangig und angemessen berücksichtigen,
weil nur sie authentisch Auskunft geben und ergiebige Interpretationen entwik-
keln können, was die erhebbaren Daten bedeuten, wie sie in der jeweiligen
Lebenswelt zustandekommen und in welchen Kontexten sie stehen.

Die alltägliche Kommunikation beinhaltet viele Erkenntnisse, Reflexionen und
Anstöße zur Selbstreflexivität und Eigensteuerung. Daher ist für viele der Übergang von alltagstheoretischer Reflexion zu wissenschaftlichen Erkenntnissen nur
noch graduell. Doch wer überprüft und ‚kontrolliert‘ deren Agenten und Sachwal-
ter? Wie valide und objektiv sind deren Erkenntnisse, selbst wenn sie – wie
vorgeschlagen – intersubjektiv, also im Kreis der Forschenden, diskutiert und
testiert werden? Jedenfalls wird seither die Debatte um die Generalisierbarkeit der
Erkenntnisse qualitativer Forschung – mehr oder weniger unvoreingenommen –
geführt. Entgegen den strengen Regeln der „objektiven Hermeutik", wie sie
Ulrich Oevermann (u. a. 1975) begründete, werden heute gemeinsame Deutungs-
prozesse angestrebt, in denen Funktion und Relevanz der sozialen Strukturbedin-
gungen wie deren verschiedenen subjektiven Deutungen („Lesarten") von allen

Beteiligten, Betroffenen wie Forschenden, erörtert und gewertet werden. Entsprechend konzipierten Michael Charlton und Klaus Neumann eine „strukturanalytische Rezeptionsforschung" und exemplifizierten sie anhand etlicher Alltagsbeispiele (Charlton/Neumann 1986): Der Rezeptionsprozeß soll dabei „aus den strukturellen Bedingungen der Situation [...], in der sich der Rezipient befindet", „rational" erklärt werden. Dazu rechnen sowohl die Analyse der strukturellen Rahmenbedingungen, also der „natürlichen (physikalischen) Lebensbedingungen" und der „sozialen (gesellschaftlichen) Deutungsmuster", als auch die sensible Aufarbeitung und die rekonstruktive Verknüpfung der individuellen Interpretation dieser Lebensbedingungen durch die Subjekte (ebd., 11f.). In aufwendigen, längerfristig angelegten Fallstudien konnten die Autoren die sehr dichten, aber auch jeweils unterschiedlichen Verzahnungen des Medienkonsums mit der alltäglichen Lebensbewältigung von Familien und Individuen aufzeigen (Charlton/Neumann 1986; Charlton/Schneider 1997).

Detaillierter noch gehen linguistisch ausgerichete Fallstudien vor, die die Thematisierung von Medien und Medienrezeption in der familialen Kommunikation rekonstruieren (Fritz 1984; Keppler 1994): „Die Medien liefern ein Spektrum interessanter Themen, die jedoch zugleich, da sie nicht direkt unter den Gesprächspartnern relevant werden, sondern allein vermittelt über das (Gespräch über das) jeweilige Medium, wenig Anlaß für eine allzu divergente oder kontroverse Behandlung bieten" (Keppler 1994, 264). Entgegen landläufigen Befürchtungen vor allem in den 50er und 60er Jahren (Kübler 1980), das Fernsehen zerstöre die Familie, kommt Angela Keppler zu dem Ergebnis, daß das „Gespräch über die Medien [...] den Gesichtskreis und das Beziehungsgeflecht der Familie [lockert] und [...] doch zugleich seine wesentlichen Bindungen nach[zeichnet]" (Keppler 1994, 267). Mithin setzen soziale Aktivitäten des familiären Publikums prägendere Akzente als die Medien; Familien sind dem Fernsehen jedenfalls nicht nur als Objekte ausgeliefert. Wenn sie ihm verfallen, dann liegen dafür die Ursachen tiefer, in sozialen wie psychischen Konstellationen (die allerdings vom Medienkonsum überdeckt und unaufgearbeitet verfestigt werden können), wie es die Fallstudien von Charlton und Neumann (1986) belegen.

Die quantitative Forschung begründet und legitimiert die Verallgemeinerbarkeit ihrer Erkenntnisse ausschließlich durch die statistisch gestützte Repräsentativität ihrer Daten, mithin durch eine genügend große und die Wirklichkeit signifikant abbildende Zahl von Fällen. Sie wählt dafür bestimmte soziodemographische Indikatoren wie Geschlecht, Alter, Familienstand, Einkommen, Bildung, Berufssituation etc. aus. In ihrer strukturellen Aussagekraft sind diese Indikatoren sicherlich grundlegend und unverzichtbar, aber jeweils zu klären ist, ob die mit ihr verbundenen Charakterisierung und Selektion ausreichen und ob nicht besonders bei symbolischen, kommunikativen Interaktionen zusätzliche qualifizierende, dann aber unausweichlich subjektive Informationen hinzukommen müssen. Die qualitative Forschung verweist für die zumindest exemplarische Gültigkeit ihrer Befunde auf die Gesellschaftlichkeit des Subjekts, also darauf, daß in jedem Individuum das soziale Ganze subjektiv impliziert ist, wohingegen quantitive Messungen nur abstrakte Durchschnittswerte zutage fördern können.

So besteht der grundsätzliche Disput zwischen quantitativer und qualitativer Forschung nach wie vor, auch wenn er nicht mehr so prinzipiell und heftig ausgetragen wird wie etwa in den 70er Jahren und meist kombinierte Verfahren bevorzugt werden, um beiden erkenntnisspezifischen Anliegen zu genügen. Die quantitativen Erhebungen beschreiben gemeinhin die numerisch erfaßbaren Rahmendaten, die qualitiven exemplifizieren die subjektiven Umgangs- und Wahrnehmungsweisen der Individuen. Bemerkenswert ist aber, daß bei zweck-rationalen Unternehmungen, bei denen verwertbare Ergebnisse und mehr oder weniger ökonomische Entscheidungen herauskommen sollen, Zahlen und Quanti-täten dominieren. Häufig werden sogar qualitative Befunde in solch numerische Kategorien umdefiniert, die weder der qualitativen Forschung dienlich sind noch von dieser gestützt werden können.

Zur theoretischen Begründung qualitativer Prämissen sind nicht zuletzt Kon-zepte der „Lebenswelt"-Philosophie wiederentdeckt worden, wie sie von Edmund Husserl (1859 – 1938) und Alfred Schütz (1899–1959) begründet, danach von konstruktivistischen Soziologen wie Peter L. Berger (geb. 1929) und Thomas Luckmann (geb. 1927) weiter vertreten werden (Schütz/Luckmann 1979; 1984). Konkret lassen sich solch lebensweltliche Vermittlungen entdecken, wenn typische Situationen der Medienrezeption und die jeweiligen Rollen untersucht werden, die die Individuen darin wahrnehmen und mit denen sie diese Situationen konstituie-ren. Wiederum orientieren sich solche Studien auch an den Theoremen des sym-bolischen Interaktionismus, wonach Individuen in sozialen Sitationen dadurch handeln und kommunizieren, daß sie wechselseitig Rollen übernehmen (role taking) und sich in die des Gegenübers gedanklich hineinversetzen (role making). Dieses Konzept läßt sich auf Medienrezeption übertragen und hat in dem bereits eingeführten Begriff der „parasozialen Interaktion" schon in den 50er Jahren seine medienspezifische Bewandtnis erhalten (Horton/Wohl 1956). Will Teichert (1972; 1973) führte ihn fast zwanzig Jahre später in die deutsche Diskussion ein, seither wird er immer wieder aufgegriffen, um vielfältige Beziehungsmuster zwischen Medienprotagonisten und Rezipienten zu beschreiben und zu erklären.

Das Konzept der „Lebenswelt" versucht inzwischen der wissenschaftlicher Referent am Hamburger Hans-Bredow-Institut, Friedrich Krotz (1991), in die Medienrezeptionsforschung zu integrieren: „Lebenswelt meint das für das Indivi-duum Vertraute und Übliche und dessen Bedingungen und Zustandekommen" (Krotz 1992a, 232). In dieser Kategorie lassen sich einerseits das Verhältnis der Innen- und Außenwelt der Rezipienten wie andererseits Vermittlungen zwischen den objektiven Gegebenheiten der Medienprodukte und der Rezeptionssituationen sowie ihrer jeweils subjektiven Deutungen denken. Mehr und mehr leisten Me-dien heute lebensweltliche Übersetzungen und Sinnstiftungen, wie authentisch

und plausibel sie auch immer sind. Ihre konfektionierten Sinnangebote und
Routinen treten häufig an die Stelle traditioneller Sinnstiftungen, wie sie Reli-
gion/Kirche, Familie, Verwandschaft, soziale Milieus mit ihren gemeinsamen
Normen verkörperten. Nicht selten wirken die einen heute gegen die anderen. In
der lebensweltlichen Bewältigung lassen sich diverse Konstellationen entdecken,
„wie Rollen bei der Mediennutzung [hier: Fernsehnutzung] vom Individuum ima-
ginativ übernommen werden können": Einmal läßt sich „eine Beobachterrolle"
mit relativ gleichmäßiger emotionaler Distanz unterscheiden. Zum anderen weist
der Zuschauer einer Rolle emotionale Bedeutung zu, er identifiziert sich mit dem
Akteur (Krotz 1992a, 242). Für diese Überlegungen liefern auch die angeführten
„cultural studies" weitere Anstöße, insbesondere weitere Differenzierungen für
die Konzeption des ‚aktiven Publikums' (Krotz 1992b; Hepp/Winter 1997).

Allerdings vollziehen sich diese Prozesse in den alltäglichen Situationen der
Medienrezeption und sind nicht zuletzt durch strukturelle wie inhaltliche Vorgaben der Medien beeinflußt: So dürften Identifikation und Projektion wohl eher
gelingen, wenn Menschen mit ihrem Mediengegenüber allein sind oder ihre reale
Umwelt weitgehend ausblenden können. Je alltäglicher die Rezeptionssituationen
sind und je nachdrücklicher Individuen sich vom Mediengeschehen distanzieren,
wie es inzwischen bei den diversen Modi der Nebenbei-Nutzung der Fall ist, um
so oberflächlicher und kurzfristiger dürften „parasoziale Interaktionen" ausfallen.
Außerdem geben die Hörfunk- und Fernsehprodukte mindestens zwei verschiedene Muster möglicher Interaktionen vor:
1. Wenn die Moderatoren Hörer und Zuschauer direkt ansprechen („Guten
Abend"), im Fernsehen sogar anschauen, simulieren sie eine *quasi-dialogische*
Kommunikationssituation, in der sich die Rezipienten als potentielle Kommunikationspartner fühlen können, obwohl ihre Antworten ungehört, ihre Reaktionen
und Gesten unbemerkt bleiben.
2. Wenn Sendungen ein immanentes, geschlossenes, eben fiktionales Handlungs-
feld haben, auf das sich die (Medien)Figuren ausschließlich beziehen, wie es bei
Spielfilmen und Serien der Fall ist, müssen sich die Rezipienten mittels ihrer
Einbildungskraft in diese hineinversetzen, um mitspielen zu können. Diese
Formen lassen sich als *performative* bezeichnen (Kübler 1983).

Gewiß gibt es viele Varianten zwischen diesen beiden Typen: Die diversen
Shows schließen Mischformen ein, fiktionale, performative Teile (etwa in Sket-
chen) und quasi-dialogische (besonders durch den Showmaster). Auch Nachrich-
tensendungen sind nicht ausschließlich quasi-dialogisch: Denn Reportagen beziehen sich etwa auf immanente Handlungsfelder, und erst wenn der Korrespondent
explizit auftaucht und sich an die Zuschauer wendet, wird die Kommunikations-
struktur wieder quasi-dialogisch. Demnach lassen sich nicht nur Sendegenres
nach ihren Interaktionsoptionen klassifizieren; auch empirische Erhebungen könnten die subjektiven ‚Leistungen' des aktiven Publikums genauer entdecken und
danach differenzieren.

4. Medienwirkungen – brisantes wie umstrittenes Forschungsgebiet

Wie die Medien, ihre Texte, Bilder und Töne, ihre Botschaften und Programme, in allen erdenklichen Dimensionen und Variationen wirken, und zwar in der Gesellschaft, in den diversen sozialen Gruppen und auf den Einzelnen – das ist gewiß die Frage, die am heftigsten in der Medienforschung diskutiert und am intensivsten erforscht wird. Bereits 1955 (deutsch 1962) haben Elihu Katz und Paul F. Lazarsfeld alle (auch hier vorgestellten) Differenzierungsversuche der Forschungsgebiete und disziplinären Gliederungen mit der stupenden Einsicht beschieden, daß „im Grunde jede Kommunikationsforschung auf eine Untersuchung der Wirkung hinausläuft" (1962, 22; vgl. auch Schreiber 1990, 178).

Um die Wirkungen der Medien drehen sich besonders alltägliche Diskussionen. Aber auch die meisten wissenschaftlichen Dispute kreisen – ob explizit oder implizit, ob gewollt oder unbemerkt – fast immer um sie und verhaken sich auf die eine oder andere Weise, nicht zuletzt deshalb, weil der Begriff der Medienwirkung selbst unklar, vieldeutig und widersprüchlich verwendet wird. Kontrovers wird daher nicht nur gesehen, was Medienwirkungen realiter sind bzw. sein können. Ebenso heterogen sind die Prämissen, Verfahren und Testate, wie Wirkungen ermittelt, gemessen und nachgewiesen werden.

Auch Nutzungsdaten und -trends wie die aufgeführten verleiten nicht wenige dazu, sie bereits als Wirkungen zu interpretieren – getreu landläufiger Logik: Was derart häufig und extensiv genutzt wird, was so viele Erwartungen auslöst und Motive bindet, was derart unentbehrlich in den Alltag verwoben ist, das muß auch Wirkungen haben bzw. bereits gehabt haben. Für alltägliche Einschätzungen mögen solche Argumentationen plausibel und ausreichend sein, wissenschaftlichen Maßstäben genügen sie indes nicht. Gleichwohl stößt man auch in vielen sich wissenschaftlich gebenden Diskursen auf ihre unzähligen Varianten. Verursacht wird diese Konfusion letztlich auch von der potentiellen Unabgrenzbarkeit und Universalität des Untersuchungsfeldes ‚Medien und ihre Wirkungen‘, zumal sich inzwischen viele Geistes-, Sozial- und Kulturwissenschaften darum kümmern (Frühwald u. a. 1991, 142ff.).

Häufig werden die skizzierten Funktionen der Medien schon als Wirkungen betrachtet, besonders im Hinblick auf gesellschaftliche, also makrosziologische Zusammenhänge. Denn auch der Begriff der Funktionen ist bekanntlich so

uneindeutig wie der der Wirkungen, so daß klare Abgrenzungen kaum möglich
sind. Annahmen und Theorien über funktionale Dimensionen der Medien werden
in der Regel aus allgemeinen theoretischen Prämissen abgeleitet oder interpretativ
erschlossen. Medienwirkungen im engeren Sinne werden hingegen so gefaßt, daß
sie empirisch überpüfbar sind. Dazu müssen klar abgrenzbare soziale Felder und
zeitliche Terminierungen fixiert werden. Doch auch solche Festsetzungen gelingen bei der Allgegenwart und Nachhaltigkeit von Medien nicht gänzlich.

Um Wirkungen auf makrosoziologischer Ebene zu eruieren, bedarf es komplexer Forschungsdesigns und entsprechend hoher Aufwendungen, die selten
verfügbar sind. Max Kaase und Wolfgang R. Langenbucher (1986) haben deshalb
in ihrer Bestandsaufnahme zur makrostrukturellen Wirkungsforschung („Medienwirkungen auf Gesellschaft und Politik") für künftige Untersuchungen folgende
zwei Schwerpunktsetzungen angeregt: zum einen die Frage, wie Massenkommunikation auf die Politik, ihre Institutionen, Akteure, Inhalte und Formen ein-
wirkt, zum anderen Untersuchungen, um soziale Folgen von Massenkommunikation für die Bürger herauszufinden. Nach Prüfung der internationalen, vor allem
der deutschen Forschungslage kamen die beiden Gutachter allerdings „trotz der
vordergründig großen Vielzahl und Vielfalt von Untersuchungen" zu dem ernüch-
ternden Urteil, „daß die Forschung mit wenigen Ausnahmen thematisch disparat,
methodisch unbefriedigend und theoretisch undefiniert ist. Aus diesen Gründen
kann man auch ganz überwiegend nicht von einem durch diese Forschung gesicherten Erkenntnisstand ausgehen" (ebd., 22).

Danach wurden sechs Jahre lang Forschungsprojekte zur Medienwirkung mit
fast sechs Millionen DM von der Deutschen Forschungsgemeinschaft unterstützt
– ein in der deutschen Medienforschung bislang einmaliges Unternehmen in
diesem Umfang und mit diesem Prestige. Der Abschlußbericht konnte jedoch
wiederum nur „Zwischenbilanzen" und keine gesicherten Ergebnisse vorweisen:
„Der wertvollste Ertrag des Schwerpunktprogramms", resümierte ihr Mentor, der
Erlanger Kommunikationswissenschaftler Winfried Schulz (1992, 7), „besteht
darin, daß es neue Fragestellungen, neue methodische Wege und neue theoretische Konzepte für die älteste Frage in der Kommunikationsforschung aufweist,
für die Frage nach der Wirkung der publizistischen Medien." Als kürzlich,
anläßlich der jüngsten Entwicklungen der Medientechnologien und des Medien-
markts, eine weitere Bestandsaufnahme der bundesdeutschen Medienforschung
erstellt wurde, rieten die (teilweise identischen) Gutachter (Kaase u. a. 1997, 4)
sogar davon ab, „die etablierte Tradition der Medienwirkungsforschung auf der
Mikroebene fortzuführen". Sinnvoller wäre es, schrieben sie in ihrem Resümee
und griffen ihr Monitum von 1986 erneut auf, „in den in der Medienforschung
weitgehend vernachlässigten Gebieten, insbesondere bei Makro- und Mesoanaly-
sen (d. h. Analysen der institutionellen und organisatorischen Strukturen des
Mediensystems in ihrem Zusammenspiel sowie der im Medienbereich tätigen
Akteure) neue Schwerpunkte zu setzen".

Ob mit dieser Perspektve allerdings das angestammte Terrain der Medienwirkungsforschung noch anvisiert ist und ob sie – vor allem – mit ihrem eingespielten Methodenrepertoire die vorgeschlagene Umorientierung und Aufgaben überhaupt meistern kann, lassen die Gutachter unerörtert. Auch die in den Fachgutachten vorgebrachten Desiderate und Konzepte der Medienwirkungsforschung sind vornehmlich pauschal gehalten und urteilen nicht konkret darüber, was die herkömmlichen wirkungsanalytischen Instrumente und Methoden für neue Fragen der Wirkungsforschung überhaupt leisten können. Ebensowenig thematisieren sie, ob die neuen interaktiven Medien überhaupt noch mit Konzepten der Medienwirkung zureichend erfaßt werden können. Der einschlägige Beitrag über Multimedia und digitales Fernsehen fordert keine Revision, sondern begnügt sich mit dem Hinweis, die „vorhandenen theoretischen Modelle" müßten weiterentwickelt werden (Brosius 1997, 44).

Stellen sich schon Terminologie und Erkenntnislage der Medienwirkungsforschung recht defizitär und disparat dar, muß man zwangsläufig allen Publikationen mit Vorsicht begegnen, die Medienwirkungen auf kompakte oder gar populäre Weise darstellen und die erforderlichen Relativierungen unterschlagen. Dennoch wird die öffentliche Diskussion und der Buchmarkt immer wieder von solchen apodiktischen Ratgebern überschwemmt. Bestandsaufnahmen und analytische Darstellungen seriöser Art sind in den letzten Jahren etliche publiziert worden (Maletzke 1981; DFG 1986; Schenk 1978; 1987; 1997; Burkart 1987; 1995; Gottschlich 1987; Burkhart/Hömberg 1992; Merten 1994; Donsbach 1995); auch die Publikation kritischer Positionen und mehr oder weniger neuer, mitunter alternativ gemeinter Ansätze reißt nicht ab (Baacke/Kübler 1989; Kaase/Schulz 1989; Holly/Püschel 1993; Merten u. a. 1994; Charlton/Schneider 1997; Halff 1998). Ebenso hat der besagte, von der Deutschen Forschungsmeinschaft 1983 eingerichtete Forschungsschwerpunkt „Publizistische Medienwirkungen" (Kaase/Schulz 1989, 22) etliche Publikationen zur Medienwirkung hervorgebracht (Schulz 1992), deren Ertrag inzwischen erneut aufgearbeitet wurde (Presse- und Informationsamt 1996; Kaase u. a. 1997). Vollends sind Fülle und Vielfalt der Medienwirkungsforschung auf dem internationalen Feld, allen voran in den USA, unüberschaubar. Eine periodische, freilich selektive Hilfe bietet der seit einigen Jahren eingerichtete *ARD-Forschungsdienst*, der in der monatlich erscheinenden Zeitschrift *Media Perspektiven*, herausgegeben im Auftrag der Arbeitsgemeinschaft der ARD-Werbegesellschaften, publiziert wird.

Es bleibt bei der Fülle von Forschungsansätzen und -arbeiten nicht aus, daß auch hier nur einige Sachverhalte und Argumentationsstränge aufgezeigt werden können. Auswahl und Verkürzung sind deshalb unvermeidlich.

4.1.   Begriffe und Forschungskonzepte
         der Medienwirkung

Der Begriff ‚Wirkung' stammt aus der gegenständlichen Welt, aus der Physik und
den Naturwissenschaften und beschreibt kausale Abläufe, mechanische Prozesse
von Ursache und Folge, die unter den gleichen Bedingungen („ceteris paribus")
wiederholbar sind. Sie auf symbolische Interaktionen, auf Kommunikation und
Verstehen zu übertragen, ist a priori recht problematisch, denn ihre ursprüng-
lichen Prämissen werden weiter impliziert. So gelten Medienwirkungen stets als
einseitig und zweck- bzw. ergebnisorientiert, sie haben Urheber und Ursachen
(Intentionen), einwirkende Faktoren – in der Sprache des Behaviorismus: Stimuli
(Reize) – und rufen Effekte (Reaktionen) hervor: Jemand, der etwas bewirken
will, tritt mit dem, bei dem etwas bewirkt werden soll, in Beziehung und voll-
zieht dafür Kommunikationsakte. Bei der medialen und Massenkommunikation
tritt das Medium dazwischen, das nun als wirkendes firmiert. Der Kommunikationsprozeß verläuft einseitig, die Wirkung kann nur in einer Richtung erfolgen.
In einem solch einfachen Modell wird meist schon ignoriert, daß die Erzielung
von Wirkung und die Beteiligung am Kommunikationsprozeß ‚Rückwirkungen'
auf denjenigen, der etwas bewirken will, den Kommunikator, hat oder haben
könnte. Genauer noch: Bevor der Kommunikator etwas bewirken kann, ist er erst
Kommunikator *geworden*, hat er also bestimmte Rollen und Funktionen für das
Medium angenommen. Solche Wechselwirkungen erfassen herkömmliche Wirkungsstudien kaum, und vollends unerörtert lassen sie, ob die Konzeption von
‚Wirkung' überhaupt für soziale Phänomene und mediale Kommunikation angemessen ist.
    Medienwirkung ist eng mit den Begriffen Kommunikation und Massenkom-
munikation verknüpft (Merten 1977; Kübler 1994): Daher finden sich in der
einschlägigen Literatur mindestens so viele begriffliche Variationen von Medienwirkungen wie Definitionen der anderen Termini. Ihre Bandbreite deckt sich also
mit der (Medien)Kommunikation per se. Für W. Schulz (1982) ist beispielsweise
die Frage nach den Wirkungen von Kommunikation tautologisch, sie könnte aus
logischen Gründen aufgegeben werden. Allenfalls aus pragmatischen Gründen,
gewissermaßen als Sprachgewohnheit, ist die Unterscheidung beizubehalten.
Denn – so Schulz' Argument – „Kommunikation ist Wirkung": „Ein Kommuni-
kationsvorgang, bei dem nicht wenigstens ein Minimum an Verständigung, an –
wenn auch unbeabsichtigter – Bedeutungsvermittlung eintritt, kann nicht als ein
solcher begriffen werden, sondern allenfalls als Grenzsituation eines vergeblichen,
weil wirkungslosen Kommunikationsversuches" (ebd., 51). Und K. Merten ergänzt, indem er das populäre Axiom von Paul Watzlawick (u.a. 1971, 53) aufgreift: Ebenso wie Menschen in sozialen Kontexten nicht nicht kommunizieren
können, so können sie auch nicht nicht wirken (Merten 1994, 301f).

So einleuchtend diese Thesen auf den ersten Blick sind, an ihnen ist zweierlei zu bedenken: Zum einen impliziert der üblicherweise verwendete Wirkungs-begriff nicht unbedingt Kommunikation und Verständigung, mindestens nicht im empathischen Sinne. Oftmals werden auch Wirkungen vermutet oder behauptet, die nicht über das Verstehen der Medienbotschaft oder die Bedeutungsvermitt-lung erreicht werden: im Extrem werden sogar gänzlich instinktive oder sub-kutane Wirkungen angenommen, also Reaktionen, die nicht vom Bewußtsein gesteuert und reflektiert werden. Verständigung meint hingegen den wechselseiti-gen, relativ autonom gestalteten Konstruktions- und Deutungsprozeß beider Kommunikationspartner; er ist vielfältig reflexiv, letztlich nicht zu beenden und kann nur pragmatisch abgebrochen werden. Er gelingt allenfalls partiell und bewegt sich von einer Vereinbarung und Deutung zu anderen. Verständigung auf kausale, unidirektionale Wirkung zu reduzieren, heißt, entweder Wirkung nicht als Verständigung in dem beschriebenen Sinne begreifen zu können oder zu wollen oder aber Verständigung innerhalb der Massenkommunikation auf einen simplen Mechanismus zu reduzieren.

Zum anderen fehlen in der obigen Argumentation die Agenten, die Subjekte: Wenn Wirkung intentional verursacht und vollzogen wird, dann kann dies nur ein Subjekt tun: Im klassischen Modell der Massenkommunikation ist es der um Wirkung bestrebte Kommunikator, verdinglicht im Medium. Aus anderer, sub-jektorientierter Sicht ,bewirkt' auch der Rezipient selbst, allerdings dann nicht mehr im herkömmlichen, einfachen Wirkungsmodell. Denn er nutzt das Medium, will für sich etwas erreichen, etwa Gratifikationen wie Information, Unterhaltung etc. Doch seine Wirkungsabsichten stimmen allenfalls partiell mit denen des Kommunikators überein, weshalb das hergebrachte Wirkungsparadigma nicht mehr zutrifft. Vollends bei Online-Medien ist der Nutzer weitgehend eigenständi-ges Subjekt, er konstruiert und erzeugt aus einem riesigen Datenangebot – man könnte es auch als anonymes Wirkungspotential bezeichnen – sein individuelles Produkt, das so nicht für Wirkungen geplant und produziert wurde. Während der massenmediale Kommunikator also nicht unbedingt und stets Verständigung anstreben muß, vielmehr genügt ihm häufig auch, daß sich die erwünschte Wirkung einstellt – man denke etwa an Werbung! –, setzt der Online-User per se Verständigung mit sich voraus bzw. führt den Wirkungsbegriff ad adsurdum.

Wird Reflexivität als konstitutives Moment für Kommunikation gesehen, und zwar Reflexivität, die sich auf Sachverhalte, zeitliche Reichweiten wie auf Partner – das eigene Ich eingeschlossen – erstreckt (Merten 1977, 1994), dann schließt diese Prämisse jenen simplen Wirkungsbegriff bzw. seine Koinzidenz mit Kom-munikation aus. Anders formuliert: Dem Mensch ist es gegeben, den jeweiligen Kommunikationsakt zu modifizieren, abzubrechen, umzudeuten und umzukehren, über ihn nachzudenken, ihn in Frage zu stellen, mithin über ihn selbst zu (me-ta)kommunizieren und ihm damit andere, zumindest nicht vorab intendierte Bedeutungen zu verleihen. Diese Unkalkulierbarkeit oder Kontingenz – letztlich:

Freiheit – besteht auch in der medialen Rezeption, selbst wenn die Kommunikatoren und Medien mit allen ihnen zur Verfügung stehenden Mitteln danach trachten, sie einzuschränken und die Rezeption kalkulierbar zu machen. Aber Verständigung und Verstehen bleibt an das Vermögen und den Willen des Subjekts geknüpft. Selbst düstere Behauptungen, Medien wirken unter der Hand, gleichsam unbemerkt direkt in Psyche und Physis des Menschen hinein, können jene Prämisse nicht dispensieren. So betrachtet, ist Kommunikation eben nicht (nur) Wirkung, sondern ein wechselseitig beabsichtigtes, gesteuertes, aber auch möglicherweise verfehlendes Konstrukt, das vielfältige Dimensionen hat: von äußerlichen Anpassungen bis hin zu psychischen Prozessen.

In der empirischen, vor allem in der experimentellen Forschung werden Medienwirkungen meist entsprechend bestimmter (sozial)psychologischer Modelle in Dimensionen aufgegliedert: Sie beginnen bei speziellen Dispositionen der Rezipienten, die als Wirkungsvoraussetzungen gelten; dann werden Wirkungsabläufe identifiziert, und nach der Einwirkung durch die Medien werden spezielle Veränderungen als Aspekte der Medienwirkungen untersucht. Damit sind theoretische Voraussetzungen geschaffen, um einzelne Wirkungsfaktoren (Variablen) methodisch zu isolieren und sie mittels spezieller Indikatoren zu messen. Ob sich menschliche Identität allerdings so aufsplitten läßt und so partikular funktioniert, ist eine Frage, die die Wirkungsforschung nur zusammen mit den ‚Mutterdisziplinen‘, vor allem der Psychologie und der Sozialpsychologie, klären kann.

Wird Medieneinfluß eng als nachweisliche „Veränderung" (Maletzke 1981, 5f) gefaßt, vergleicht man einen Zustand *vor* der Medienrezeption mit einem Zustand *nach* der Medienrezeption, wobei die Differenz als Folge des Einflusses der Medien, entweder ihrer konkreten Inhalte oder ihrer Existenz, definiert und dann als Veränderung gemessen wird. Klare, abgrenzbare Koordinaten sind für eine solche analytische Anordnung Voraussetzung. In Wirklichkeit verschwimmen natürlich auch diese Vorgaben, ganz gewiß in der alltäglichen Realität, aber auch während des konkreten Forschungsexperiments, da Menschen auch (oder gerade) in solch künstlichen Situationen ein (mentales) Davor, also diverse Voreinstellungen und Befindlichkeiten, und ein ebensolches Danach haben. Aber der Anspruch der Wirkungsforschung war stets, eindeutige, isolierbare, präzis identifizierbare Relationen zwischen unabhängigen (Medien) und abhängigen Variablen (Wirkungstatbeständen) herauszufinden. Denn diese sollen sich unter gleichen Bedingungen wiederholen und letztlich dadurch steuern lassen.

Werden Wirkungen nicht physikalisch gemessen, sondern erfragt, beruhen sie auf den Äußerungen und Erinnerungsleistungen der Probanden. Meist fällt es jedoch schwer, Probanden für einen bestimmten Zeitraum zu gewinnen und die Medienwirkungen isoliert von allen anderen Einflüssen zu ermitteln. Daher überwiegen in der Wirkungsforschung kurzfristige Untersuchungen. Diese Defizite werden allerdings inzwischen von vielen Forschern beklagt. Mit Nachdruck fordern daher viele, langfristige Studien zu Medienwirkungen, also Längsschnitte oder sogenannte Panel-Beobachtungen, durchzuführen. Aber darin stecken noch ungleich mehr methodische Probleme, wie sich unschwer vorstellen läßt, ebenso fehlen zumeist die erforderlichen finanziellen und personellen Ressourcen.

Außerdem meint Veränderung – streng genommen – die nachweisliche Transformation von Zuständen. Wie verhält es sich aber, wenn nach der Medienrezeption keine Veränderung belegbar ist, wenn die Wirkung etwa latent bleibt? Hat sie dann nicht stattgefunden, sei es, weil der Medieneinfluß zu schwach war oder fehlschlug, sei es, weil das Publikum sich gegen das Wirkungsansinnen als resistent erwies? Womöglich konnte die Veränderung auch einfach nicht hinlänglich identifiziert und gemessen werden. Von Fall zu Fall ist also zu entscheiden, ob methodische Defizite oder ob tatsächlich keine Veränderungen in der Wirklichkeit passiert sind.

Wirkungen auf das Verhalten bzw. Nachweise eines bewirkten, veränderten Verhaltens interessieren die einschlägige Forschung vorrangig, zumal sich solche Befunde am besten für zweckrationale Fragen und Auftraggeber verwerten lassen. Historisch entstanden unter den Bedingungen von Werbung und Propaganda, wird die Wirkungsforschung auch heute primär mit diesen Zielen betrieben. Auch die Wahlforschung als jüngere Sparte bestärkt sie darin. Die Auftraggeber wollen primär nachgewiesen bekommen, ob die aufwendig produzierten Medienstimuli wirken, sich also in direkte und eindeutige Handlungen umsetzen, in die des Kaufes (der angepriesenen Ware) oder in die der Wahl (der anempfohlenen Parteien, Listen und/oder Kandidaten). Daher konzentriert sich dieser mächtige und lukrative Zweig der Medienwirkungsforschung unbeirrt auf die sogenannten konativen Wirkungen, also die Verhaltensveränderungen – und wird sie – von den kritischen Einwänden weitgehend unbeeindruckt – weiterhin als Resultate der werbenden Medienstimuli ausgeben (Schreiber 1990, 178).

4.2.   Medienwirkungen und ihre Erforschung

Alle Definitionen von Medienwirkungen und die wissenschaftlichen Vorgehensweisen zu ihrer Erforschung entstanden und entstehen natürlich nicht im wissenschaftlichen Elfenbeinturm, sondern im zeitgenössischen gesellschaftlichen Umfeld, und dementsprechend sind sie selbst beeinflußt: als Produkte und Konstrukte von denkenden Menschen über ihre jeweilige Umwelt und auch als Erwartungen und Aufträge der im Medienmarkt Handelnden. Inzwischen ist die Geschichte der Wirkungsforschung seit Beginn des Jahrhunderts vielfältig nachgezeichnet worden, und aus ihr läßt sich erklären, wie das eine oder andere Theorem, der eine oder andere Befund entstanden ist. Dabei lassen sich Konjunkturen erkennen, die nicht zuletzt von den die Wirkungsforschung beeinflussenden Grundlagendisziplinen wie der Soziologie und Psychologie geprägt sind (vgl. etwa Donsbach 1991).

Außerdem bildeten sich Phasen und Konjunkturen der Medienwirkungsforschung im engen Kontext mit der Medienentwicklung heraus (Prokop 1995): Die Annahme, die Medien haben relativ große Wirkungen, verbreitete und bestärkte sich, als die Massenmedien, Radio, Film und später das Fernsehen, ihre erste große Verbreitung fanden, also in der ersten Hälfte des 20. Jahrhunderts. Die zweite Phase, in der den Medien nur schwache oder nur bestätigende Wirkungen zugebilligt wurden, begann in den 1950er Jahren mit der Entdeckung sozialer Gruppierungen in der Gesellschaft, mit der Rekonstruktion von Stufungen und Diffundierungen des Kommunikationsprozesses durch die genannten Wahlstudien (Lazarsfeld et al. 1944; 1969). Paradigmatisch faßte Joseph T. Klapper (1917–84) den Erkenntnisstand dieser Phase 1960 in seinen berühmten Thesen zusammen, wonach die Massenkommunikation „gewöhnlich nur eine Verstärkung für Attitüden (Einstellungen), Meinungen und Verhaltensdispositionen" bewirke (Klapper 1970, 97). Mit der Massierung und Diversifizierung der Medien in den letzten Jahrzehnten differenzieren sich nicht nur die Ansätze der Wirkungsforschung erheblich aus, wobei viele eher funktionalistisch ausgerichtet sind und nicht mehr zur konventionellen Wirkungsforschung im strengen Sinn zu rechnen sind. Aber auch gegenteilige Einschätzungen gewinnen (erneut) an Gewicht, die den Medien eher wieder größere Wirkungen zuschreiben.

In Deutschland plädierte etwa Elisabeth Noelle-Neumann für ein „Return to the concept of powerful media" (1973a; 1973b). Dazu drängen vor allem zwei Tendenzen: zum einen die – mit der steigenden Medienzahl – wachsende Kumulation der Medieneinflüsse, denen sich die Rezipienten immer weniger entziehen können; zum anderen die sich augenfällig verstärkende Konsonanz dieser Einflüsse, so daß die kurante ‚Medienwirklichkeit' immer dichter, uniformer und unausweichlicher wird. Allerdings dürfte je nach wissenschaftlichem Standpunkt unterschiedlich beurteilt werden, wie diese Entwicklung in ihren Ausmaßen und Wirkungen gemessen und bewertet wird und worin die Ursachen zu sehen sind. Insgesamt kommt die empirische Wirkungsforschung mit stichhaltigen Nachweisen dafür kaum voran, weshalb die „Malaise" der Wirkungsforschung weiterhin beklagt wird (Merten 1994; Halff 1998). Andererseits haben die inzwischen zahlreichen theoretischen Entwürfe, wie sie im Kontext von Poststrukturalismus und -moderne konzipiert werden, überhaupt keine Probleme, die nahezu totale Wirkungsmacht der Medien zu unterstellen und aufgrund dieser Unterstellung ihre Konzepte vom völligen Verschwinden der Wirklichkeit und von der Dominanz ihrer Surrogate zu entwickeln: Simulation, Text, Sprachspiel und Autoreferentialität seien an die Stelle von sinnlicher Realität getreten (Kloock/Spahr 1997; Faßler/Halbach 1998).

Zwischen diesen unbekümmert theoretisierenden Entwürfen und der nach wie vor empirisch ausgerichteten Wirkungsforschung existieren derzeit kaum plausible Verbindungen, weshalb sich die Forschungssituation je nach Perspektive disparat oder auch desolat ausnimmt. Aus der Vielzahl neuerer Ansätze, die derzeit diskutiert und empirisch validiert werden, sollen in dieser Einführung nur die

wohl wichtigsten herausgegriffen und knapp skizziert werden. Sie stammen –
wieder einmal – fast alle aus den USA und sind von dem dort vorherrschenden
wissenschaftlichen Denken geprägt. Es ist prinzipiell pragmatischer ausgerichtet
als die europäischen, besonders deutschen Wissenschaftstraditionen und möglichst
an einlösbaren empirischen Befunden interessiert. Ihre unbesehene Übernahme
in deutsche Diskurse bringt oft Probleme mit sich und bleibt nicht ohne Diver-
genz oder gar Widerspruch. Aufgeführt werden die Theorien zur „selektiven
Zuwendung", „Transaktion", „Informationssuche", „Wissenskluft", „Agenda-
setting", die „Kultivierungshypothese" und – als genuin deutsche – die „These
von der Schweigespirale".

4.2.1. Selektive Zuwendung

Annahmen und Befunde über Medienwirkungen setzen selbstverständlich voraus,
daß Individuen Medien nutzen. Das tun sie allerdings unter ganz verschieden-
artigen Voraussetzungen, mit unterschiedlichen subjektiven Kapazitäten und
Kompetenzen, diversen Motiven, Erwartungen und Bedürfnissen, mit divergieren-
den Erfahrungen, Einschätzungen und Haltungen hinsichtlich der Medien. All
diese Prädispositionen müßten im Grunde jeweils *vor* der Medienrezeption
ermittelt werden, um hernach Medienwirkungen in ihrer Richtung, Intensität und
psychischen Qualität angemessen interpretieren zu können.

In der Wirkungsforschung wurde lange Zeit eine bestimmte Vorstellung vom
Individuum, nämlich das sozialpsychologische Theorem des inneren Gleichge-
wichts, der prästabilen Harmonie, vertreten: Es unterstellt, daß Individuen nach
innerer Konsistenz und Konsonanz streben und alle neuen Eindrücke und Anre-
gungen daraufhin überprüfen, ob sie mit den vorhandenen Einstellungen und
Erfahrungen übereinstimmen. Dazu zählen auch mediale Einflüsse. Deshalb
neigen Individuen dazu, so die These, sich nur denjenigen Medienbotschaften
auszusetzen, die solche Balancen ermöglichen. Mindestens streben Menschen
danach, Dissonanzen zu vermeiden, und sie ignorieren daher für sie problemati-
sche, irritierende Medien bzw. ihre Produkte. Diese Theoreme der kognitiven
Konsonanz (bzw. der Vermeidung von kognitiver Dissonanz) sind durch das
Konzept selektiver Mediennutzung mindestens in dreierlei Hinsicht differenziert
worden (Donsbach 1989; 1991):
1. Individuen widmen sich möglichst nur solchen Medien, Produkten und Inhalten, die mit ihren Meinungen und Einstellungen – tatsächlich oder vermeintlich
– übereinstimmen. Das ist die These von der *selektiven Zuwendung* (selective
exposure).
2. Individuen nehmen in der Regel nur solche Inhalte und Aussagen (bzw. nur
solche Elemente davon) wahr und zur Kenntnis, die mit ihren Meinungen und
Einstellungen – tatsächlich oder vermeintlich – übereinstimmen. Das ist die These
von der *selektiven Wahrnehmung* (selective perception).

3. Individuen behalten und erinnern sich nur an solche Inhalte und Aussagen (bzw. Elementen davon), die mit ihren Meinungen und Einstellungen – tatsächlich und vermeintlich – übereinstimmen. Das ist die These von der *selektiven Erinnerung* (selective retention).

Für solches Selektionsverhalten bzw. für seine einzelnen Komponenten sucht die Medienwirkungsforschung seither nach signifikanten Faktoren und Variablen. Einige können dabei größere Wahrscheinlichkeit beanspruchen als andere, aber alle zusammen ließen sich bislang nicht zweifelsfrei belegen. Denn erneut ist es schwierig, wenn nicht unmöglich, einzelne Variablen trennscharf und exakt zu isolieren, so daß man sich heute damit begnügt, potentielle Selektionen unter der einen oder anderen Wenn-dann-Bedingung zu formulieren. Denn die wachsende Präsenz der Medien und die sich vertiefende Gewöhnung an sie im Alltag untergraben immer wieder die Annahmen, Rezipienten könnten sich souverän und unbefangen für das eine oder andere Medium bzw. für den einen oder anderen Inhalt entscheiden. Wahrscheinlicher sind relative, von der jeweiligen Situation beeinflußte Gewichtungen und/oder habitualisierte Zuwendungen.

4.2.2. Transaktionstheorien

Daß Medienwirkung nicht als einseitiger Prozeß abläuft, in dem Rezipienten auf Stimuli reagieren, kritisierte schon in den 60er Jahren der amerikanische Medienforscher Raymond A. Bauer (1964; deutsch: 1973) und begründete den transaktionalen Ansatz: Kommunikation vollziehe sich nicht in wechselseitiger Ausbeutung, sondern „transaktional", mithin als Auslösung und Übertragung von Handlungen. Das Publikum könne sich dabei „widerspenstig" oder eigensinnig gegenüber den Avancen und Absichten der Medienkommunikation verhalten, indem es – wie es auch die skizzierten Selektionstheorien umreißen – Medien und Aussagen auswählt, sie auf ihre Potentiale und Images hin beurteilt oder Beziehungen zu ihnen aufbaut.

Hierzulande haben Klaus Schönbach (1984; 1992) und Werner Früh (1982; 1991) die Idee der Transaktion aufgegriffen und konsequent weiterentwickelt, indem sie die Funktionen von Kommunikator und Publikum ausgeglichener gewichten; sie nennen ihren Ansatz daher „dynamisch-transaktional". Im Prozeß der Massenkommunikation erkennen sie einen doppelten Austausch: nämlich
1. zwischen Kommunikatoren/Medien und Rezipienten massenmedial verbreiteter Botschaften einerseits (Transaktion 1) und
2. innerhalb der Kognition bzw. Psyche des/der Rezipienten selbst (Transaktion 2), indem „die Aufnahme von Information [...] mit einer gleichzeitigen Erhöhung des Aktivationsniveaus verbunden ist" (Früh/Schönbach 1982, 78).

Nach diesem Konzept entsteht das „eigentliche Wirkungspotential der Massenmedien" sowohl aus der „Vorgabe der Medienbotschaft" – das ist die klassische Wirkungsperspektive – als auch aus „der gleichzeitigen Bedeutungszuweisung durch den Rezipienten". Damit sind Eigenaktivitäten der Rezipienten anvisiert, wie sie bekanntlich seit der Rezeption des symbolischen Interaktionismus immer wieder thematisiert und von den motivationalen Ansätzen in der Kategorie des Nutzens gefaßt wurden. Allerdings beschränken sich die transaktionalen Ansätze im wesentlichen darauf, vornehmlich kognitive und möglichst regelhafte Austauschprozesse zu beachten. Deshalb entgehen ihnen viele Motive, Ausprägungen und Sensorien, die in der Rezeption selbst aktualisiert werden und die nicht zuletzt emotionaler Natur sind.

Am Beispiel dreier 1984 aktueller Themen, nämlich der Debatte um die Sterbehilfe, der Parteispendenaffäre und dem Streik in der Metallindustrie, untersuchte Werner Früh (1992), wie aus „episodischen, ereignisbezogenen Medienberichten im Bewußtsein des Publikums quellenunabhängige Realitätsvorstellungen" werden. Schon nach einer Woche, so die Befunde, waren in den Köpfen der Befragten „die Inhalte aus verschiedenen Quellen stark miteinander vermischt". Die Erinnerungen des Publikums glichen kaum mehr, nicht einmal vereinfacht den Darstellungen der Medien. Zwar ließen sich noch etliche, mitunter auch gewichtige Übereinstimmungen feststellen, aber die Abweichungen waren von derart inhaltlicher und struktureller Qualität, daß „man sich fragen muß, ob dies eigentlich noch die Themen der Medien sind oder ob sich das Publikum, zwar angeregt und geleitet durch die Medien, nicht längst seine eigene Welt konstruiert" (ebd., 89). Demzufolge kritisiert Früh, daß die eigenwilligen Diskrepanzen bzw. ‚Medienrealitäten' des Publikums bislang noch viel zu wenig Gegenstand der Forschung gewesen seien.

4.2.3.   Informationssuche-Ansatz und Wissenskluftforschung

Vornehmlich auch auf kognitive Medienwirkungen orientiert sind alle Ansätze, die untersuchen, wie Medienkonsum Wissen erweitert und/oder beeinflußt, und die sich fragen, welche relevanten Faktoren diese Prozesse fördern oder hindern. Solche Informationssuche-Ansätze („Information-seeking Approaches") unterstellen den Individuen ein wie immer zustandekommendes Grundmotiv nach Informationssuche, das zur Medienrezeption führt (Schulz 1982, 55). Partiell widersprechen diese Ansätze den (früher aufgestellten) Theorien zur kognitiven Dissonanz.

Das Menschenbild der Informationssuche-Perspektive ist optimistischer; es setzt das aufgeschlossene, lernende Individuum voraus, das bereitwillig seine Kompetenzen erweitern und verbessern möchte und sich auch mit Widersprüchen konfrontiert. Beispielsweise glaubte die Dissonanztheorie, überzeugte Raucher weichen Kampagnen gegen das Rauchen aus und ignorieren deren Botschaften. Die Ansätze der Informationssuche nehmen hingegen an, Raucher verschaffen sich zusätzliche Informationen über das Risikopotential und suchen in ihnen, sofern sie von ihrer Sucht nicht lassen können, nach sicheren Auswegen, wie sie

Gefährdungen mindern können: etwa durch die Umstellung auf Filterzigaretten oder die Eindämmung des Lungenrauchens (Schenk 1987, 106ff.).

Moderne Mediengesellschaften sind auf die unaufhörliche, möglichst umfassende Verbreitung von Informationen und Wissen angewiesen. Dennoch gelingt sie – entgegen vielen unbeirrt euphorischen Prognosen – nicht ohne weiteres und kann unerwünschte, dysfunktionale Folgen haben. Denn die strukturellen Chancen wie die subjektiven Kompetenzen, in der steigenden Informationsflut die jeweils wichtigen und richtigen Informationen zu bekommen, sind ungleich verteilt. Offenbar reproduzieren sich in der Informationsversorgung und -aufnahme die allgemeinen Ungleichheiten und Benachteiligungen einer Gesellschaft, insbesondere die unterschiedlichen Bildungsvoraussetzungen und -chancen. Diese (wohl nicht ganz neue) Einsicht diskutiert die Medienwirkungsforschung mittlerweile mit der bekannten Hypothese von der wachsenden Wissenskluft („increasing knowledge gap") (Bonfadelli 1987; 1994; Wirth 1997).

Aufgestellt haben sie 1970 Phillip J. Tichenor, George A. Donahue und Clarice N. Olien (1970) von der University of Minnesota, und resümieren läßt sie sich wie folgt: „Wenn der Informationszufluß von den Massenmedien in ein Sozialsystem wächst, tendieren die Bevölkerungssegmente mit höherem sozioökonomischem Status und/oder höherer formaler Bildung zu einer rascheren Aneignung dieser Information als die status- und bildungsniedrigeren Segmente, so daß die Wissenskluft zwischen diesen Segmenten tendenziell zu- statt abnimmt" (zit. nach Saxer 1978; 35f.; Bonfadelli 1987, 305).

Wenn sich in der Distribution und Diffusion von (über Medien vermittelter) Information und (medialem) Wissen die strukturellen Disparitäten einer Gesellschaft reproduzieren, müßten sich Korrelationen oder sogar Abhängigkeiten zwischen diesen diversen Ungleichgewichten, z.B. zwischen Bildungschancen und Medienrezeption, finden lassen, aber so gründlich und übergreifend sind die Studien bislang nicht vorgegangen. Denn sie untersuchten Wissenklüfte vornehmlich bei relativ kurzfristigen, exakt begrenzbaren und gezielten ‚Informations'-Kampagnen; langfristige und breite Beobachtungen von Wissenszuwächsen und -verteilungen bei unterschiedlichen Bevölkerungsgruppen konnten bislang wohl mangels Ressourcen und Interessen nicht durchgeführt werden. Insbesondere wurde bislang kein theoretisch begründetes und anerkanntes Konzept für Wissen entwickelt, obwohl es ja die analytische Basis darstellen müßte (Wirth 1997, 94ff.). Am Ende seiner Forschungsüberblick beurteilte daher der Züricher Medienforscher Heinz Bonfadelli die Erkenntnislage der Wissenkluftforschung als „dispers und disparat zugleich" (Bonfadelli 1994, 137; Wirth 1997, 31).

Dennoch wird die These von den wachsenden Wissensklüften bzw. der Spaltung der Gesellschaft in „Informationsreiche" und „Informationsarme" bei öffentlichen Diskussionen über die künftige Gesellschaftsentwicklung unentwegt beschworen. Sie soll wohl vor allem Sorgen und Bedenken über einen allein technologisch und marktorientierten Wandel signalisieren, den es zumindest sozial- und kulturpolitisch zu kompensieren gilt. Aber wieder einmal zeigt es sich, daß allgemeine, womöglich sogar politisch erforderliche und berechtigte Behauptungen empirisch nicht genügend gesichert sind.

Während sich die beiden genannten Forschungszugänge vornehmlich auf begrenzte Wirklichkeitsausschnitte der Medienwirkung konzentrieren und daher unter die Kategorie der „Wirkungstheorien geringer oder mittlerer Reichweite" (Deutsche Forschungsgemeinschaft 1986, 6) fallen, beanspruchen die zwei folgenden Ansätze tendenziell – wenn auch nicht immer explizit – das Gesamt medialer Wirkungen zu beschreiben: Die Entstehung und Verbreitung kognitiver Sujets in Gruppen und Sozietäten und den Anteil bzw. das Potential der Medien daran wollen Ansätze über Agenda-Setting-Funktionen der Medien erfassen. Die sogenannte Kultivierungshypothese, die der amerikanische Kommunikationsforscher George L. Gerbner zuerst aufstellte, will außerdem emotionale Faktoren einbeziehen.

4.2.4. Agenda-Setting- oder Themenstrukturierungs-Forschung

Dem konventionellen Wirkungsparadigma liegt mehr oder weniger ausgesprochen die Annahme zugrunde, Kommunikation laufe letztlich auf Überzeugung („persuasion") hinaus. Jedenfalls war dieses Verständnis in der maßgeblichen Forschung vorherrschend, bei vielen ihrer Auftraggebern ist es das bis heute. Zweifel an dieser Prämisse sind immer wieder aufgekommen, und viele Modifikationen sind versucht worden: Besonders markant und folgenreich formulierte sie 1963 Bernard C. Cohen mit seiner These, den Medien gelänge es nicht immer, den Individuen zu vermitteln, *was* sie denken (bzw. denken sollen), wohl aber hätten die Medien mehr und mehr Einfluß darauf, *worüber* die Menschen denken bzw. zu denken haben.

Damit war formuliert, was inzwischen als sozialer Trend in den Mediengesellschaften weithin zu beobachten und anerkannt ist, was aber auch als Beeinflussungsstrategie angewendet wird: nämlich daß öffentliche Themen mit Medien initiiert, geschickt lanciert oder auch besetzt werden und daß sich ihre „Karrieren" verfolgen wie auch steuern lassen (Luhmann 1996, 28ff.; Schulz 1997, 153ff.). In der Flut von Themen und Informationen setzen sich meist nur noch diejenigen durch, die von Medien als attraktiv, populär und/oder verkäuflich aufgegriffen und verbreitet werden. Dazu spielen die meinungsführenden Medien gekonnt zusammen, meist werden sie von professionellen Kommunikationsagenten gezielt aufeinander abgestimmt. Gut lancier- und verbreitbar sind eingängige Themen und anerkannte Wertvorstellungen, populäre Leitfiguren – „anchor persons" – verkörpern sie personell, und die Strategien der Kommunikations- und Mediaplaner achten darauf, daß die Themen variantenreich, mit effizienten, sich steigernden Dramaturgien und Variationen während der gewünschten Zeitspanne auf der Tagesordnung bleiben. Andere, nicht so bevorzugte und

aufbereitete Themen erreichen hingegen kaum öffentliche Aufmerksamkeit oder
verschwinden recht schnell wieder in der Versenkung. Dabei sind die meisten
öffentlich verhandelten, medial präsentierten Themen für die Individuen nicht
direkt erfahrbar, so daß sie diese nur aus den Medien kennen und ihre dort
vorgebrachten Versionen notgedrungen – mindestens zeit- und stückweise – als
Realität akzeptieren müssen.

    1972 faßten Maxwell E. McCombs und Donald L. Shaw (1972, 177) das
Konzept des Agenda Setting wie folgt zusammen: „While the mass media may
have little influence on the direction or intensity of attitudes, it is hypothesized
that the mass media set the agenda for each political campaign, influencing the
salience of attitudes toward the political issues." Wie 1940 gab eine Untersuchung eines Präsidentschaftswahlkampfes den Anstoß, diesmal 1968 in Chapel,
North Carolina: Rund 100 noch unentschiedene Wähler – ihre Unentschlossenheit
machte sie, so die Annahme, für Medieneinflüsse besonders empfänglich –
wurden nach den für sie wichtigen Themen befragt. Diese verglichen die beiden
Forscher mit den Nachrichtenprioritäten in den Lokalzeitungen und in den Fernsehprogrammen. Combs und Shaw stellten auffallende Korrespondenzen fest und
folgerten daraus, daß es Zusammenhänge zwischen den Themenstrukturen in den
Medien (Medienagenda) und den bevorzugten Themen bei den Wählern (Publikumsagenda) geben müsse. Die empirische Signifikanz veranschlagte diese Übereinstimmungen als für die Meinungsbildung wirksamer als die ebenfalls gefundenen Nachweise, daß Individuen nur die Themen und Tendenzen wahrnehmen, die
mit den schon von ihnen vertretenen harmonieren. Mediales Agenda Setting kann
also selektive Medienrezeption überlagern.

    Die Agenda-Setting-Forschung vergleicht mithin thematische Korresponden-
zen bei Medien und Publika miteinander; sie erforscht keine Wirkungsursachen
unmittelbar. Stellt sie Übereinstimmungen zwischen objektiver (medialer) und
subjektiver Themenstruktur fest, schließt sie auf gegenseitige Beeinflussungen
oder zumindest auf Wechselbeziehungen, ohne Ursache und Wirkung eindeutig
zu bestimmen. Vielfach lassen sich nur phänomenale oder formale Entsprechun-
gen, also äußerliche Identitäten von Themen und Agenda-Verläufen, feststellen
und wahrscheinliche Zusammenhänge vermuten. Denn ihre empirischen Anhaltspunkte bezieht die Agenda-Setting-Forschung zum einen aus Inhaltsanalysen der
Medien (und der von ihnen verbreiteten Themen), zum anderen aus Befragungen
des Publikums über relevante Themen und die von ihnen bevorzugten Medien.
Sie verwirklicht also mehrmethodische Verfahren, die heute in der Forschung
bevorzugt werden und größere Ergiebigkeit und Validität der Ergebnisse ver-
sprechen. Da die Agenda-Setting-Forschung also korrelative Wahrscheinlichkeiten
entdecken will, keine kausalen Nachweise, repräsentiert sie eine funktionalistische
Erweiterung der Wirkungsforschung.

    Daß Medienthemen zu subjektiven Themen werden, erklärt sich die Agenda-
Setting-Forschung u. a. mit lerntheoretischen Annahmen: Das Publikum befasse

sich mit einem Medienthema um so intensiver, lernt von ihm also um so mehr, je häufiger, nachdrücklicher und herausragender („salient") es in den Medien verhandelt werde. Mittlerweile unterscheidet man in der Forschung drei Modellvarianten oder auch Phasen des Agenda Setting (Burkhart 1995, 242):

1. Das *„Awareness"*-Modell (Aufmerksamkeit) bezieht sich auf die Initialphase und geht davon aus, daß das Publikum auf bestimmte Themen und Themenbündel aufmerksam wird, weil die Medien über sie berichten. Gewissermaßen greift es das Konzept der selektiven Zuwendung auf.

2. Das *„Salience"*-Modell (Hervorhebung) sieht die diversen Methoden und Formen der Präsentation und Akzentuierung bestimmter Themen dafür verantwortlich, daß die Rezipienten diese Themen für unterschiedlich attraktiv und wichtig halten.

3. Das *„Prioritäten"*-Modell radikalisiert die Prämisse des „Salience"-Modells und unterstellt, daß die Rangfolge und Gewichtung der Themen sich spiegelbildlich in der Relevanzskala des Publikums, also in dessen Agenda, niederschlagen.

Heinz R. Uekermann und Hans Jürgen Weiss (1983) schlugen für das erste Modell den Begriff der „Thematisierung", für die zweite und dritte Modellvariante die Bezeichnung „Themenstruktuierung" vor (Schenk 1987, 198f). Besonders für Wahlkämpfe ist das Agenda-Setting-Konzept empirisch überprüft worden, inzwischen auch im deutschsprachigen Raum (Schönbach 1982; Ehlers 1983; Uekermann/Weiss 1983; Brosius 1994); allerdings blieben Defizite nicht aus. Viele Bedingungen und Variablen konnten noch (nicht) berücksichtigt werden, oder sie wurden in den verschiedenen Methodiken unterschiedlich gewichtet. Noch schwieriger wird es, wenn die Agenda-Setting-Forschung ihr enges funktionalistisches Terrain verläßt und beispielsweise danach fragt, *wer* die Agenda setzt: die Journalisten, das Publikum oder die Wirkkräfte der Realität, etwa die Agenten des politischen Systems. Solche Zuordnungen kann die Agenda-Setting-Forschung nicht verläßlich treffen, oder sie sucht sie in der herkömmlichen Kommunikator- und Journalismusforschung – etwa im Konzept des Gatekeeping (Schenk 1987, 227f.).

Allerdings konnte sich die Agenda-Setting-Forschung nicht grundsätzlich von einer – wenn auch meist unausgesprochenen – Annahme kausaler Zusammenhänge zwischen Medienagenda und Publikumsagenda lösen (Ehlers 1983, 167). Auch wenn heute keine simplen Ursache-Folge-Hypothesen mehr vertreten werden, wonach die Publikumsagenda der Medienagenda spiegelbildlich entsprechen, werden stringente korrelative Koinzidenzen zwischen Medien- und Publikumsagenda gesucht, oder die Erhebungen sind bereits daraufhin angelegt und ignorieren andere Faktoren bzw. Befunde. Künftige Studien – so Hans-Bernd Brosius (1994) – müssen die Fragestellungen von Agenda-Setting weiter differenzieren und ihre konzeptionelle Bearbeitung in andere theoretische Überlegungen zur Medienwirkung integrieren: Ein Rezipient mache mit einer Information über ein Thema nun einmal mehr, „als nur in Analogie zum Zählwerk das Thema festzustellen und die Wichtigkeit entsprechend einzustufen" (ebd., 284).

4.2.5. Kultivierungshypothese

Medien haben – so wurde ausgeführt – sozialisierende Funktionen, die auch Enkulturation, also die Einführung in und die Anpassung an obwaltende Kulturformen, einschließen. Entgegen dem hiesigen Sprachgebrauch entwickelten George L. Gerbner und sein Forschungsteam an der Annenberg School of Communication in Philadelphia, USA, seit den 60er Jahren das Konzept der „cultivation" und arbeiteten an einem „Cultural Indicators Project". Bekannt geworden ist es vor allem wegen des dabei entwickelten Gewaltprofils für amerikanische Fernsehprogramme (deutsch: 1981; zuletzt 1994). Seit 1967 wurden Häufigkeit und Ausmaß der violenten Episoden sowie die Rollen der „Gewalttäter" und Opfer inhaltsanalytisch ermittelt und zu einem „violence index" hochgerechnet. Von 1976 an wurden die Inhaltsanalysen durch Untersuchungen ergänzt, die den Einfluß des Fernsehens auf die Einstellungen der Zuschauer ermitteln sollen. Mit diesem mehrmethodischen Verfahren, das den „Kultivierungsansatz" verkörpert, wollte sich das Team deutlich von den sonst in der Medienwirkungsforschung gebräuchlichen Kategorien abheben. Denn das Ziel war und ist es herauszufinden, daß und wie das Fernsehen beim Zuschauer ein bestimmtes Weltbild (und Selbstbild) kultiviere.

Schon die vielen Gewaltdarstellungen im Fernsehen legten die Vermutung nahe, daß die Zuschauer über das Fernsehen eine Welt vermittelt bekommen, die ungleich bedrohlicher und angsteinflößender ist als die vorhandene Wirklichkeit: Wenn sich Menschen finden lassen – so die Hypothese –, die ihre Realität als riskanter und unheimlicher betrachten, als sie in der Tat ist, und wenn diese ängstlichen Menschen sich als besonders extensive Fernsehzuschauer erweisen, dann wäre eine Korrelation gefunden, die die Kultivierungsthese stützen könnte. Demnach wurden – entsprechend definierte – Vielseher mit Wenigsehern in ihrer Weltsicht und in ihrem Alltagsverhalten verglichen; ihre unterschiedlichen Gefühle und Einstellungen, bedroht zu sein, wurden als „Kultivierungsdifferential" definiert.

Es verwundet wenig, daß ein derart simples Konzept auf vehemente Kritik stieß. Vorderhand monierte sie diverse begriffliche und methodische Mängel; ihr prinzipieller Einwand richtete sich indes gegen die unbewiesenen Wirkungszusammenhänge. Denn unklar ist, was bei diesem Konzept Ursachen und Wirkungen sind: Wenden sich (aus welchen Gründen) ängstliche Menschen häufiger, länger und intensiver dem Fernsehen zu, um sich aus seinen oftmals violenten und einschüchternden Inhalten ihre ohnehin schon erschütterte Wirklichkeitssicht bestätigen zu lassen, wie dies die klassische Wirkungsforschung unterstellen würde? Oder trifft Gerbners Ansatz zu, daß violente Inhalte Menschen ängstlicher

machen? Denkbar sind außerdem Varianten und Kombinationen dazwischen, und
ebenso müßten die Zuschauer sowie ihre jeweiligen sozialen Situationen und
Motive differenziert betrachtet werden. Zwar wurden in den Studien selbst
Medienwirkungen nicht explizit untersucht, aber die veröffentlichten Darstellungen legten wiederholt solch kausale Beziehungen zwischen den Ursachen, den
brutalen Inhalten, und den Wirkungen, den bedrohten Weltbildern, nahe.

Offensichtlich unter dem Eindruck dieser Kritik stellte Gerbner 1981 seine
jährlich erstellten „violence profiles" des amerikanischen Fernsehens ein. Damit
entfiel auch seine inoffizielle Rolle als Zensor der Programme (Kunczik 1994,
45ff., 122ff.). Insgesamt – so befand Konrad Burdach (1987, 364) – bestätigen
die Studien Gebners, daß der „Nachweis von Kultivierungseffekten [von Medien]
keinesfalls von einem einzigen Untersuchungsansatz erwartet werden [kann], sondern [...] eine Aufteilung in zahlreiche spezifische, empirisch überprüfbare Hypothesen [erfordert], die ihrerseits mit unterschiedlichen Methoden – und möglichst
von mehreren voneinander unabhängigen Forschern – untersucht werden sollten".

Unterdessen werden kultivierende oder kulturelle Aspekte der Mediennutzung
und -wirkung von den gänzlich anders ausgerichteten ‚cultural studies' vor allem
angelsächsischer Herkunft aufgegriffen. Daß sie sich gegen die rigiden Konzepte
von Wirkungsforschung explizit aussprechen, mithin einen anderen, eher europäischen Kulturbegriff vertreten und den Zusammenhang zwischen alltäglichen
Lebensweisen, habituellen Erfahrungen und subjektiven Mentalitäten sowie den
Medien interpretativ-ethnografisch erkunden, wurde bereits ausgeführt (s. o.
Kap. 2.8. u. 3.5.).

4.2.6.   These von der Schweigespirale

Als eine Variante der Kultivierungshypothese, die obendrein nicht weniger
prominent und umstritten ist, läßt sich die These von der „Schweigespirale"
ansehen, die die langjährige Leiterin des Instituts für Demoskopie in Allensbach,
Elisabeth Noelle-Neumann (1989; 1991), entwickelte und mit breiter Resonanz
vertritt. Sie bezieht sich allerdings auf die öffentliche Meinung insgesamt, die nur
in ihrem veröffentlichten Teil mit den Themen und Trends der Medien zusam-
menfällt. Aber da Reichweite und Einfluß der Medien unaufhaltsam wachsen,
sich in ihren inhaltlichen Aussagen kumulieren und in konsonanter Weise verstärken, werden die demoskopisch ermittelte öffentliche Meinung und die veröffentlichten Meinungsbilder in den Medien zunehmend identisch, und den
Medien kommt bei der Genese, der Lancierung, der Ausrichtung und der Laufzeit
öffentlicher Meinungsthemen ein beträchtliches Potential zu – wie auch die
Agenda-Setting-Ansätze unterstellen. Insoweit überlappen sich Erforschung und
Beschreibung der öffentlichen Meinung, wie sie die Demoskopie wahrnimmt, mit
der Medienwirkungsforschung – mindestens aus der Sicht der demoskopischen
Medienforschung.

Im Konzept der Schweigespirale finden sich mithin etliche Versatzstücke
anderer Theorien. Mit ihnen soll ein Phänomen entdeckt und erklärt werden, das
Noelle-Neumann „Meinungsklima" nennt. Danach sind Menschen ständig be-
strebt, durch Umweltbeobachtung herauszufinden, welche Fragen (Verhaltensweisen) umstritten sind, welche auf dem Weg sind, mehrheitsfähig zu werden,
und wie sich die Kräfteverhältnisse der eigenen Anhängerschaft und die des
gegnerischen Lagers entwickeln. Diese kollektiven Bestrebungen spiegeln sich
in der Dynamik von Meinungsthemen: Ständig steigen sie in der öffentlichen
Gunst auf, machen Karriere, sinken wieder ab, verschwinden oder finden nur
noch in marginalen Nischen Anhänger. Für diese Konjunkturen des Meinungs-
klimas gelten die Medien als ergiebigste Quellen, mächtigste Impulse, aber auch
als prägnante Maßstäbe.

Die Themenprofile der Medien liefern Anhaltspunkte dafür, welche Meinungen sie verbreiten und/oder bekräftigen und welche sie vernachlässigen, mithin
welche Wirkungen sie erzeugen (wollen) oder bereits erzeugt haben: Wenn sich
Unterschiede zwischen der (medial) veröffentlichten Meinung und der demoskopisch erhobenen öffentlichen Meinung ergeben, wenn also „die Häufigkeitsver-
teilungen der Meinungen in der Bevölkerung in einer umstrittenenen Frage und
die Einschätzungen der Bevölkerung, wie die meisten über diese Fragen denken,
deutlich divergieren (‚pluralistic ignorance')" (Noelle-Neumann 1989, 420), ist
ein „doppeltes Meinungsklima" entstanden. Dies läßt sich als Folge von Medienwirkungen werten. Denn mit ihrer Allgegenwart und ihrem Einfluß sorgen die
Medien dafür, daß sich die von ihnen vertretenen Meinungen im öffentlichen
Klima durchsetzen. Gegenteilige Meinungen werden als die von Minderheiten de-
klariert, an den Rand geschoben oder ganz verdrängt. Dadurch werden ihre
Anhänger zunehmend verunsichert, sie sehen sich immer weniger bestätigt und
verfallen in Schweigen – selbst wenn sie anfangs und/oder zeitweise für ihre
Meinung eine Mehrheit in der Bevölkerung haben. Gleichsam in einer Spirale
nach unten zieht sich ihre Meinung zurück, während die über die Medien veröffentlichte Meinung ebenso an Resonanz gewinnt und sich verbreitet. In der
Wahlforschung, vor allem anhand der berühmten Frage „Was glauben Sie, wer
die Wahl gewinnt?" läßt sich dieses Auf und Ab der Meinungskonjunkturen
beobachten und damit die These der Schweigespirale anschaulich bestätigen.

Aber sie basiert auf vielen ungeprüften Annahmen, die inzwischen vielfach
kritisiert wurden: Ihre empirischen Belege bezieht die These ausschließlich von
demoskopischen Befragungen, die keine Wirkungsüberprüfungen, also Korrelationen zwischen verschiedenen Meinungszuständen, beinhalten. Daher zweifeln viele
Kritiker an der empirischen Validität dieser These. Letztlich werden ihre prinzipiellen, vornehmlich anthropologischen Prämissen angezweifelt (Schulz/Schön-
bach 1983, 377ff.; Schenk 1987, 324ff.): Denn die These unterstellt, daß sich das
Individuum am mächtigsten vor sozialer Isolation fürchtet und sich deshalb fast
völlig von den Meinungsklimata seiner Umwelt abhängig macht – womit die

traditionellen Konzepte kognitiver Dissonanz wieder aufgegriffen werden. Aus diesen Grundhaltungen werden soziales Handeln und Meinungsbildung erklärt. Innovative Geister oder gar Querdenker passen kaum in dieses Konzept.

Außerdem liegt der „Schweigespirale" wiederum ein kausales Konzept von Medienwirkung zugrunde, da sie allein die Medien für die Schwankungen der öffentlichen Meinungsklimata verantwortlich macht. Allerdings werden diese Ursachen nicht methodisch und valide nachgewiesen, sie werden vielmehr als Differenzgröße aus dem Vergleich von Meinungsklimata deduziert. Gleichwohl vertrat Noelle-Neumann ihre These von der Schweigespirale unbeeindruckt mit ihrer gesamten Prominenz und Publikationsmacht (vgl. etwa einschlägige Publikationen in Noelle-Neumann 1989), so daß die „Schweigespirale" mittlerweile selbst ein publizistisches Phänomen geworden ist, das mindestens so viele Verfechter wie Gegner findet (Sontheimer 1997). So avancieren wissenschaftliche Theoreme selbst zu öffentlichen Themen.

4.3. Domänen konventioneller Medienwirkungsforschung

Diese tendenziell komplexen Ansätze sollten allerdings nicht zu der irrigen Einschätzung verleiten, das herkömmliche Wirkungsparadigma von Stimulus und Response würde nicht – wie immer auch abgewandelt und differenziert – weiterhin in empirischen Studien intensiv gepflegt und verfochten. Auch in der populären Diskussion über die Medienwirkungen hat es nach wie vor Oberhand, bewegt und erregt die Gemüter. Die Frage: Wie wirkt das? ist ständig parat. Und kann sie nicht so eindeutig beantwortet werden, wie sie gestellt wird, zweifeln viele – nicht zuletzt Journalisten – an der Wissenschaft, an ihrem Sinn schlechthin, aber auch an ihrem Willen und an ihrer Fähigkeit, die richtigen und dringlichen Fragen zu untersuchen.

4.3.1. Dauerthema: Gewalt und Medien

Bevorzugtes und stets heftig umstrittenes Terrain der konventionellen Wirkungsforschung ist nach wie vor die Gewaltforschung, also die vielfach traktierte Frage danach, ob und wie violente, brutale Medieninhalte aggressive Neigungen, Einstellungen oder Verhaltensweisen bei den Rezipienten kurzfristig oder langfristig bewirken. Darüber wurden und werden nicht nur die meisten Studien angefertigt – jüngste Schätzungen kommen weltweit auf mittlerweile über 5000 (Kunczik 1994) –, mit Abstand folgen dann nur noch die über die Wirksamkeit der Werbung (Haase 1989; Charlton u.a. 1995; Baacke u.a. 1999). Deren Forschungsverständnis, methodische Designs und öffentliche Resonanz prägen weithin Gesicht und Qualität der Medienwirkungsforschung insgesamt.

Ohne Frage rekurrieren alle Studien zur Gewaltforschung auf allgemeine (sozial)psychologische Konzepte der Symbolaneignung sowie der Lernfähigkeit bzw. Beeinflußbarkeit von Individuen. Insofern müßte die Auseinandersetzung mit ihnen dort beginnen, und ihre jeweiligen Ursprünge bzw. Prämissen wären im Detail aufzuarbeiten. Im Kern läßt sich an der Forschung zur Mediengewalt nahezu sämtliche Wissenschafts- und Methodenkritik rekapitulieren, die in den Sozialwissenschaften, in der Psychologie und der Soziologie allgemein und in der Medien(wirkungs)forschung im besonderen, geleistet wurde (vgl. dazu die synoptischen wie systematischen Arbeiten von Kunczik 1998 sowie Merten 1999). Hier können sie nur angerissen werden.

Vorab muß aber darauf hingewiesen werden, daß viele ,Gewaltstudien' nur violente Medieninhalte erfassen oder interpretieren, also Inhaltsanalysen sind und keine Wirkungsstudien. Oft wird aber darin wiederum nahegelegt, von den inkriminierten Inhalten umstandslos auf potentielle Wirkungen zu schließen. Doch selbst die Inhaltsstudien weisen häufig große Tücken und Mängel auf: Schon die verwendeten Begriffe sind mitunter fragwürdig; denn ,Gewalt' (als juristisch-politischer Begriff), ,Aggression' (als sozialwissenschaftlich-psychologischer Terminus) u. a. sind nicht eindeutig zu definieren und werden in diversen Kontexten unterschiedlich verwendet (zuletzt Theunert 1996; Merten 1999, 13ff.).

Bei empirischen Erhebungen werden sie zumeist verkürzt angewendet; außerdem sind diese selbst in ihrer Reichweite begrenzt und erfassen nur relativ kurze Zeitspannen: Von einem Medium – meist dem Fernsehen als dem nach wie vor am meisten verdächtigten – werden gemeinhin kaum mehr als zwei Programm-Wochen untersucht, bei der Vielzahl werden immer weniger Kanäle einbezogen. Von dieser ,Stichprobe' aus wird dann auf das Gesamtmedium und seine mögliche Gewalthaltigkeit geschlossen. Andere Medien werden hingegen kaum mehr inhaltsanalytisch erfaßt. So kann leicht der Eindruck entstehen, Fernsehen sei das gewalthaltigste Medium – wie es schon die Gewaltprofile Gerbners unterstellt haben. Vollends lassen sich die vielen digitalen Medien und Reproduktionen mit solch beschränktem Instrumentarium nicht mehr erfassen. Die Debatte um deren Violenz bricht dann jeweils nur noch an besonders krassen Einzelfällen – etwa an pornographischen Fotos von Kindern im Internet (die ebenso versteckte, strukturelle Gewalt beinhalten) – auf, die zufällig entdeckt und dann sanktioniert werden. Die öffentlichen Debatten über die Gewalthaltigkeit und -wirkung der Medien sind jedenfalls von vielen irrationalen Motivbündeln, zufälligen Konjunkturen und auch interessenbestimmten Strategien geprägt (Kübler 1995; Friedrichsen/Vowe 1995). Populärwissenschaftliche Studien, die mit häufig fragwürdigen Beweisführungen ebenfalls die Wirkungsmacht der Medien behaupten, stoßen meist auf ein dafür empfängliches Publikum und brauchen nur erneut zu bestätigen, wovon ohnehin die Mehrheit überzeugt ist. Publikationen mit gegenteiliger oder auch nur relativierender Intention, die Zusammenhänge gründlicher sichten wollen, dringen indes kaum durch (Merten 1999).

1991, nachdem die Programmpolitik besonders der privaten Fernsehsender eklatant geworden war und zu politischen Beanstandungen geführt hatte, wurde erstmals in der Bundesrepublik eine einigermaßen seriöse Inhaltsanalyse der Aggressionsgehalte in den wichtigen Fernsehprogrammen durchgeführt (Groebel/Gleich 1993). Sie ist bisher auch in diesem Umfang singulär geblieben. In ihrem theoretischen Konzept lehnt sie sich an die Vorgaben Gerbners an, entwickelt aber ein recht differenziertes Begriffs- und Methodeninstrumentarium. Zwar beschränkt sich die Definition von „Aggression" (ebd., 136) auch auf evidente, tätliche Gewalthandlungen („Schaden") und ignoriert subtilere, psychische sowie strukturelle Formen der Gewalt, wie sie ein umfassender Gewaltbegriff einschließt (Theunert 1996). Immerhin wurde diese Definition in differenzierte und nachvollziehbare Kategorien operationalisiert, so daß eine solide Inhaltsanalyse durchgeführt werden konnte. Untersucht wurden eine statistische, d. h. künstlich zusammengestellte Programmwoche der verbreitetsten Fernsehkanäle oder fast 744 Stunden Fernsehen. In der öffentlichen Diskussion kursieren allerdings nur die plakativsten Resultate dieser Studie (und wurden sogleich wieder für Wirkungsvermutungen in Anspruch genommen): In fast der Hälfte aller Sendungen wird zumindest einmal Aggression oder Bedrohung in irgendeiner Form thematisiert; täglich kommen im Schnitt fast 70 Mordszenen vor, 481 waren es in der Woche. Im deutschen Fernsehen, so läßt sich schätzen, werden mithin in einer Woche rund 25 Stunden körperlicher Gewalt gezeigt. Die privat-kommerziellen Sender bringen oder brachten am meisten Gewaltinhalte, und zwar über das ganze Programm verteilt (Groebel/Gleich 1993, 61ff.). Die Vergangenheitsform ist deshalb angebracht, weil alle Fernsehveranstalter nach diesen Ergebnissen eine „Abrüstung des Bildschirms" gelobten und inzwischen behaupten, sie eingelöst zu haben. Außerdem ließ nach dieser Studie RTL bei einem privaten Forschungsinstitut unter der Leitung von Klaus Merten weitere Erhebungen anstellen, die zu gegenteiligen, zumindest relativierenden Befunden für die Programme von 1992 und 1993 kamen (Merten 1999, 92ff.). Auch die Medienkommission von ARD und ZDF gab eine Gewaltanalyse in Auftrag, die Anfang 1994 erste Befunde über die Informationsprogramme vorlegte. Sie bestätigten erneut, daß die privaten Kanäle stärker gewalthaltig sind und auch in ihren Informationsprogrammen, vor allem im damals virulenten Reality-TV, Brutalität offensiv darstellen (Krüger 1994). Neuere, allgemeine Inhaltsanalysen liegen nicht vor, nur für einige Programmsparten des Fernsehens sind noch Detailanalysen angefertigt worden. Sie erlauben aber „keine Verallgemeinerbarkeit der Ergebnisse" (Merten 1999, 128). Daher steht die Forschungsausbeute in einem merkwürdigen, aber symptomatischen Kontrast zur aufgeregten öffentlichen Debatte, die sich womöglich wieder einmal zuspitzen kann (ebd., 229).

In der wissenschaftlichen Darstellung der Gewaltwirkungsforschung (im eigentlichen Sinne) hat sich eingebürgert, die verschiedenen Studien und Befunde bestimmten kategorialen Prämissen und forschungstypischen Ansätzen zuzuordnen; sie sind mittlerweile in jedem einschlägigen Hand- oder Lehrbuch beschrieben (siehe etwa die genannten Arbeiten von Kunczik [1994; 1998]; Schenk [1987, 167ff.]; Merten [1999, 129ff.]).

Lerntheoretische Annahmen halten heute die meisten Forscher für die plausibelsten Prämissen in der Gewaltforschung, sofern sie möglichst viele Variablen und Korrelationen berücksichtigen und exakt bestimmen, auf welche soziale Wirklichkeit, auf welche Probanden und Programme sich die Studien beziehen, welche Reichweite und Validität ihre Befunde beanspruchen können. Möglich und respektiert werden daher Fallstudien, die miteinander verglichen und auf ihre Triftigkeit und Qualität hin geprüft werden. Hingegen werden Behauptungen allgemeiner Gesetzmäßigkeiten und Vorhersagen kausaler oder konditionaler Bedingungen kaum mehr als wissenschaftlich haltbar akzeptiert.

Weiter reichen Überlegungen, die nicht mehr primär nach Wirkungen, sondern die – wie insgesamt in der Rezeptionsforschung (s. o. Kap. 2.10., 3.3. u. 3.4.) – nach Bedeutungen fragen, die auch gewalthaltige Inhalte für Zuschauer haben oder – noch konsequenter – die die Zuschauer solchen Programmangeboten zuschreiben. Auch hierbei wird also vom aktiven Rezipienten ausgegangen: Zuschauer setzen sich Gewaltdarstellungen absichtlich oder zufällig aus. In ihrer Wahrnehmung und Verarbeitung stimulieren sie vielfältige psychische, kognitive und emotionale sowie motorische Sensorien, in ihren Köpfen konstruieren sie ihre Bilder medialer Gewalt, spüren angenehme oder belastende Empfindungen, aktivieren für oder gegen sie verschiedene Einstellungen und Werte. Fallen diese Befindlichkeiten eher positiv aus, wird sich das Individuum weiterhin mit Lust, vielleicht auch mit schlechtem Gewissen den Gewaltdarstellungen zuwenden. Sind die Empfindungen eher unerträglich und negativ, werden Gewaltdarstellungen prinzipiell gemieden, fallweise ignoriert oder verärgert hingenommen.

1994, nach einer neuerlichen Durchsicht, resümiert daher Kunczik:

„Insgesamt gesehen zeichnet sich die Medien-und-Gewalt-Diskussion noch immer dadurch aus, daß zwei Fehlannahmen vorherrschen. Zum einen wird immer noch gern ein unzulässiger Schluß vom Inhalt der Gewaltdarstellungen auf deren Wirkung beim Zuschauer gezogen, zum anderen wird in der Öffentlichkeit und insbesondere der Politik immer noch eine generelle Aussage zur Wirkung von Gewaltdarstellungen gefordert. Diese kann und wird es auf wissenschaftlich fundierter Basis nie geben können, denn der Wirkungszusammenhang ‚Rezipient-Medium' ist so komplex, daß sich wissenschaftlich haltbare Aussagen nur für einzelne Populationen in genau umrissenen Situationen treffen lassen" (Kunczik 1994, 238).

Noch immer ließe sich der erzielte oder vermeintliche Fortschritt der einschlägigen Forschung auf die unübertreffliche Formel bringen, die der amerikanische Medienforscher Wilbur Schramm (et al. 1961, 1) schon vor über dreißig Jahren in seiner Übersicht des Erkenntnisstandes gefunden hat: „For *some* children, under *some* conditions, *some* television is harmful. For *other* children under the same conditions, or for the same children under *other* conditions, it may be beneficial. For *most* children, under *most* conditions, *most* television is probably neither harmful nor particulary beneficial". Und auch Mertens (1999, 258) jüngste Übersicht kann nur die Stagnation der Forschung seit den 70er Jahren konstatieren oder im Umkehrschluß folgern: „Je weniger valide die angewandte Methodik, desto beängstigender die festgestellten Wirkungen."

Aber solch sachliche und verantwortliche Einschätzungen bleiben in den hitzigen Debatten meist ungehört; zu tief sitzen Argwohn und Unsicherheit gegenüber der weithin als unheimlich angesehenen Macht der Medien. Medienphobien kennen inzwischen ihre eigene Öffentlichkeit und ihre speziellen publiken Karrieren. Außerdem sind diese Kampagnen nicht frei von Interessen, die häufig hinter vorgeblich hehren Zielen versteckt sind und mit denen stellvertretend ganz andere Gefechte ausgetragen werden. Meist sind medienpolitische Weichenstellungen oder Kämpfe um Marktanteile damit verbunden. So dürften sich Debatten und Kampagnen um Mediengewalt immer wieder reproduzieren, sie finden sich in der Geschichte der Medien mehrfach (Kunczik 1993; Kübler 1995; Merten 1999).

4.3.2. Werbe(wirkungs)forschung

Werbung ist die Form von Kommunikation, die unbedingt und unmittelbar Wirkungen erzielen, also überreden und überzeugen will: in der Regel zu Kaufhandlungen und im politischen Bereich zu Wahlentscheidungen. Imagewerbung will Einstellungen prägen, verstärken oder verändern, sie will positive Vorstellungen (Images) über eine Sache, ein Unternehmen, eine Einrichtung oder eine Person erzeugen. Werbeplanung und -management zielen darauf ab, Richtungen, Tendenzen und Intensitäten solcher Images zu lenken, und sie bedienen sich dafür aller kommunikativer und medialer Formen. Ihre Konzepte und Strategien unterstellen nichts anderes, als daß sich Kommunikation präzis prognostizieren und planen, professionell und effizient steuern und nachträglich überprüfen läßt. Damit sollen jene Eindeutigkeit, Verläßlichkeit und Wirksamkeit erreicht werden, die der Kommunikation im Grunde uneigentlich, ja kontraproduktiv ist. Insofern können Behauptungen, Werbung sei Kommunikation – oder heute sogar: die relevanteste Form gesellschaftlicher Kommunikation –, nur bei einem eingeschränkten Begriff von Kommunikation gelten.

Unterstellt wird aus dieser Sicht jedenfalls, daß Werbung Informationen beinhalte und zumindest dadurch für die Konsumenten (mittlerweile) unverzichtbar sei. Denn nur mit ihrer Hilfe könnten sich die Verbraucher in einem von Waren und funktional identischer Produkte überbordenden Markt zurechtfinden, sich einigermaßen rational, effektiv und für ihre Bedürfnisse und Interessen zweckdienlich verhalten, sprich konsumieren. Besonders die Marken-Waren erzeugen schnelle Aufmerksamkeit und Übersicht, sie haben sich als Qualitätsgaranten eingebürgert und ködern die Nachfrage. Für viele, nicht nur für Kinder und Jugendliche, firmieren sie inzwischen als obligatorische Prädikate für Qualität und soziales Prestige. Außerdem werden „Steadyseller" durch die Werbung immer wieder in Erinnerung gerufen und in ihrer angestammten Konsumgüte bekräftigt. Schließlich lenkt die Werbung das Interesse und die Begierde ständig auf Modetrends oder singuläre Novitäten. Ingesamt werden dadurch Orientierungen und Wertigkeiten lanciert, die weit über den Kauf hinausgehen und generellen „Konsumismus" ständig bekräftigen (vgl. Heller 1984; Rust 1992).

Keine andere Kommunikation(sstrategie) in Gesellschaft und Wirtschaft wird mit mehr Geld und Aufwand, mit mehr Professionalität, Raffinesse und mit der (vermeintlichen) Gewißheit ihrer Effizienz betrieben wie die Werbung, und an ihren durchschlagenden Wirkungen zweifelt kaum einer der Insider und Auftraggeber. Jährlich wachsen die Werbe-Etats überproportional, werden neue Zielgruppen – von den Babys bis zu den betagtesten Senioren – ausfindig gemacht, werden noch nicht beworbene Sektoren und Produkte mit Reklamekampagnen überzogen. Längst nicht mehr nur für Kommerz und Konsum, auch für viele andere Bereiche werden ausgeklügelte Public Relations-Feldzüge veranstaltet, subtile und fulminante Inserate geschaltet und noch wirksamere Strategien ausgeheckt, die bei der wachsenden Werbemüdigkeit des Publikums immer versteckter und eindringlicher ausfallen müssen: Werbung ist heute überall und über Medien ständig präsent, als obligatorisches Beiwerk des Alltags.

In der Gesellschaft wird Werbung ambivalent beurteilt: Subjektiv wächst die Distanz zur Werbung; sie wird weithin als Belästigung empfunden, zumal wenn sie im Fernsehen Filme und Sendungen unterbricht. Aber zugleich gilt sie in modernen Warengesellschaften als unverzichtbar, ist selbst ein relevanter Wirtschaftssektor, verbreitet sich und diversifiziert sich immer mehr, bis in die letzten Poren des Warenverkehrs, der Medien und der gesellschaftlichen Kommunikation hinein, ja sie erfreut sich wachsender professioneller Unterstützung und Gestaltung, nicht zuletzt durch Kunst und Künstler (Kloepfer/Landbeck 1991), und genießt fast uneingeschränkte öffentliche Legitimation. Die meisten Medien könnten ohne Werbung nicht existieren, ihren Boom verdanken sie dem überproportionalen Wachstum der Werbung, und auch in die Mentalitäten vieler gravieren sich immer mehr Maximen der Werbung ein, sofern sie gesellschaftlich kommunizieren (wollen). Insofern scheint Werbung generelle, gesellschaftliche Wirkungen zu haben, die sich freilich empirisch nicht umstandlos verifizieren, vielmehr nur als Tendenzen und Formprinzipien moderner Warengesellschaften erschließen lassen.

Grundsätzlich kritische Theorien zur Werbung wurden vornehmlich in den 70er Jahren formuliert; sie fragten – etwa unter marxistischen Prämissen – danach, ob Werbung über die evidenten Ziele hinaus, nämlich die Beeinflussung von Konsumenten und Wählern, nicht übergeordnete und strukturelle Funktionen, nämlich die prinzipielle Stabilisierung und Legitimierung kapitalistischer Gesellschaften, hat (Heller 1984). Solche Überlegungen werden heute kaum mehr angestellt, wohl nicht zuletzt unter dem überwältigenden Eindruck der uneindämmbaren Präsenz und Macht der Werbung. Immerhin hat sie kürzlich ein Werbe-Insider, nämlich der Benetton-Werbechef Oliviero Toscani (1997), in einer selbstanklagenden Philippika wieder aufgegriffen. Aber selbst solche Lamentos lassen sich heute werbestrategisch vereinnahmen und scheinen nur noch den unaufhaltsamen Mainstream zu bestätigen.

Für die empirische Medienwirkungsforschung bedeutet die Werbe(wirkungs)forschung ein ebenso verführerisches wie fragwürdiges Anwendungsfeld: Bei der „Werbekommunikation" – wie der unverfängliche Terminus lautet – sind alle Komponenten und Prozesse der Kommunikation bzw. Massenkommunikation ungleich stringenter und eindeutiger aufeinander bezogen; insofern lassen sich Wirkungen am einfachsten und evidentesten überprüfen: mit den konventionellen Konzepten und Methoden, vor allem mit dem simplen „Stimulus-Response-Modell" – auch als „Kontakt-Modell" bezeichnet –, anhand einiger fester Variablen, die sich im Experiment oder in Befragungen erheben lassen: Wenn der Werbeimpuls wirksam gewesen ist, steigen die Kaufakte und werden die Wahlentscheidungen – wie gewünscht – gefällt. Wenn nicht, müssen die Impulse optimiert und gesteigert werden. Die meisten Studien haben nur kurzfristige, operative Ziele, etwa die Einführung eines neuen Produkts oder die Schaltung einer neuen Kampagne. Berühmt geworden ist etwa die *AIDA-Formel: Attention, Interest, Desire, Action* mit der Ablauf und Erfolg einer Kampagne gesteuert werden. Aber ständig warten neue (Patent)Rezepte auf und werden als professionelles Know-how antrainiert.

Um Werbewirkungen zu ermitteln, wurden und werden viele Studien durchgeführt, die meisten bleiben allerdings unter Verschluß der Auftraggeber und dienen nur ihren eng umrissenen Zwecken. Früher sind dennoch etliche Theoreme und Resultate dieser Forschung nachträglich zu allgemeinen Wirkungsaussagen aufgewertet worden, heute steht man ihnen in der unabhängigen Wissenschaft skeptisch gegenüber. Dennoch verwischen sich immer wieder die Grenzen zwischen den Disziplinen und damit die zugrundeliegenden Erkenntnisinteressen. Werbewirkungsforschung entdeckte – wie die Geschichte der allgemeinen Wirkungsforschung zeigt – etliche Variablen des Kommunikationsprozesses auf, die inzwischen als symptomatisch gelten und formulierte entsprechende einprägsame Theoreme: So spricht man beispielweise von „*Bumerangs*", wenn Kampagnen gegenteilig wirken und entgegengesetzte Einstellungen als die erstrebten erzeugen oder bestätigen. Oder es treten „*Bandwaggon-Effekte*" auf, wenn Menschen sich bereitwillig den erwünschten Mainstream-Meinungen anschließen. Demoskopische Befragungen und experimentelle Tests im Labor sind die bevorzugtesten Methoden der Werbe(wirkungs)forschung – Untersuchungsverfahren also, die simple Korrelationen zwischen identifizierbaren Variablen unterstellen. Sie sind freilich auch in der unabhängigen Wirkungsforschung die am häufigsten verwendeten, und viele Forscher halten sie immer noch für die angemessensten und wissenschaftlich präzisesten der empirischen Sozialforschung. Alle anderen seien weit weniger kontrollierbar und streuen zu weit. So fließen grundsätzliche Differenzen über die Aufgabe und Qualität empirischer Sozialforschung in solche methodologischen Kontroversen ein.

Folglich treffen die Werbewirkungsforschung auch alle Bedenken und Kritikpunkte, die generell gegen die konventionelle Wirkungsforschung angeführt werden. Sie gelten sogar noch direkter und genauer, da die Werbewirkungsforschung infolge ihrer einseitigen Interessenausrichtung und rigorosen Zweckgebundenheit nicht von dieser Art Forschung und ihren problematischen Nachweisen lassen kann. Entgegen den vielen Lehrbuchweisheiten, empirischen Beweisen und Rezeptologien über Werbung kommt deshalb Holger Rust, Kommunikationswissenschaftler in Hamburg und Wien, zu dem verblüffend kategorischen Urteil (das damit allerdings unfreiwillig besagte Omnipräsenz werblichen Denkens bestätigt): „Es gibt keine genuinen Theorien der Werbung. Das wäre schon deshalb verwunderlich, weil die Werbung Ausdrucksform der publizistischen Gesamtkultur ist und – wie sich an der engen Verbindung von Werbeträgern und Werbung zeigt – unmittelbar mit dieser Kultur verflochten ist" (Rust 1992, 167).

Wie es keine eigenen Theorien der Werbung geben mag, so kann letztlich die Werbewirkungsforschung keine speziellen Erkenntnisse und Befunde zeitigen – obwohl in der einschlägigen Branche nichts anderes ständig behauptet wird, unzählige Studien solche Annahmen unter Beweis stellen und immer wieder bestätigen (wollen). Einen wesentlichen Grund dafür sieht der Frankfurter Psychologe Henning Haase, der mehrere Literaturübersichten zu diesem Thema verfaßte (Haase 1987; 1989), darin, daß nach wie vor der „hemdsärmlige Pragmatismus" im Stile einer „banalen Input-Output-Ideologie" bei dieser Forschung vorherrsche. Wirkliche Grundlagenforschung sei äußerst rar. Trotz der Flut seien nur wenige Veröffentlichungen beachtenswert. Unterentwickelt sei das methodologische Know-how; adäquate Modelle, die angesichts der Allgegenwart von Medien und Werbung komplex und langfristig angelegt sein müßten, werden kaum konzipiert, geschweige analytisch angewendet. Denn die Werbewirkungsforschung folge noch immer fast uneingeschränkt den einsinnigen, auf kurzfristige und eindeutige Eiffzienz ausgerichteten Interessen ihrer Auftraggeber.

Bereits vor mehr als 50 Jahren soll der amerikanische Warenhausbesitzer John Wanamaker geklagt haben, die Hälfte seines Werbe-Etats sei hinausgeworfenes Geld. Allerdings wisse er nicht, welche Hälfte es sei (und deshalb müsse er weiter werben). 1991 veröffentlichte das amerikanische Forschungsinstitut Information Resources Inc. (IRI) eine großangelegte Werbe-Effektivitätsstudie unter dem Titel *Wie Werbung wirkt* (Information 1990). In ihr wurden 293 in den USA durchgeführten Werbewirkungstests auf ihre Zuverlässigkeit hin überprüft. Es stellte sich heraus, daß John Wanamaker vor 50 Jahren mit seinem Gefühl recht gut lag, denn nur „in knapp der Hälfte aller Fälle [war] eine absatzsteigernde

Wirkung der Werbung feststellbar" (Graf/Litzenroth 1993, 554). Doch auch diese
ebenso verblüffende wie ernüchternde Einsicht wird die einschlägige Forschung
gewiß nicht daran hindern, weiter die Wirkungen von Werbekampagnen zu
untersuchen, ihre Effizienz und Durchschlagskraft zu behaupten und immer neue
Theorien und Rezepte über die vorgeblich erfolgreiche, weil wirksame Werbung
zu verbreiten.

4.4. Ausblick: Medienwirkung oder Medienrezption als soziales und kommunikatives Handeln?

Am „Ende des Holzweges" wähnte Schulz (1982, 65) die neuere Wirkungsforschung, da sie bislang in „ein Stadium nie gekannter theoretischer und methodischer Prosperität eingetreten" sei. Ferner sei sie „durch eine historische Kohä-
renz der Denkweise gekennzeichnet, auch über den Umbruch hinweg, der durch
die Abkehr vom simplen Transfermodell markiert ist". Was ihr fehle, sei nicht
„ein Mehr an Theorie, sondern eine genauere Ausdrucksweise, eine Explikation
ihrer Hypothesen und vielleicht auch ein gewisses Maß an formaler Logik".
Demgegenüber beurteilt Klaus Merten „den Zustand der Medienwirkungsforschung" als „nicht befriedigend", weil „latente Annahmen des klassischen
Stimulus-Response-Models" fortwirken: „Die dadurch erzeugten Restriktionen
sind erheblich und treten an verschiedenen Punkten deutlich zutage, zumal die
Komplexität des Erkenntnisobjektes ‚Kommunikation' weit größer ist, als
bislang angenommen" (1991a, 50, s. auch Merten 1999, 82). Daher müßten auch
auf die Erforschung der Medienwirkungen die für die Kommunikation zentralen
Kategorien, nämlich Reflexivität, Selektivität und Konstruktivität, angewendet
werden (ebd.).
    Medienwirkungen – so könnte man zuspitzen – waren schon immer und sind
heute in jedem Fall weiterreichend, komplexer und grundlegender, als sie die
empirische Wirkungsforschung gedacht, vor allem untersucht hat und weiterhin
untersucht. Und sie dynamisieren und modifizieren sich mit der Medienentwicklung ständig. Entsprechend müssen sie vielfältig sozial, alltagstheoretisch und
medienspezifisch differenziert werden. All die dafür angestellten Konzepte sind
noch nicht schlüssig, konkret und systematisch genug. Manche verstellen den
Blick darauf, was sich auf der Grundlage allgemeiner Theorien von Kommunikation und sozialem Handeln adäquater und präziser fassen läßt. Erkennen läßt sich
jedenfalls, daß auch in der Medienwirkungsforschung, bis in die Details ihrer
Forschungsorganisation und Methoden hinein, anthropologische Grundannahmen
wirksam und nicht zu vermeiden sind.
    Denn Kommunikation ist – auf welche Weise mittlerweile mediatisiert,
institutionalisiert und kommerzialisiert – nach wie vor ein besonderer und ein

besonders komplizierter, komplexer und unabgrenzbarer Untersuchungsgegen-
stand. Er bleibt für den Menschen essentiell und impliziert ontologische Axiome,
von denen sich keine Forschung dispensieren kann. Jedem, der kommuniziert,
erst recht wissenschaftlich und strategisch darüber nachdenkt, verlangt Kommunikation Verantwortung ab: als wahrzunehmende persönliche Bereitschaft,
aber auch als unverweigerbare Anforderung an das eigene Tun und gegenüber
den Anderen.

Literatur

ARD/ZDF-Arbeitsgruppe Marketing (Hg.): Was Sie über Rundfunk wissen sollten. Materialien zum Verständnis eines Mediums. Bonn 1997.

Aufermann, Jörg: Werbung Presse und manipulierte Öffentlichkeit, in: Aufermann, Jörg (Hg.) a. a. O., 1973, Bd. 2, 544–570.

– Bohrmann, Hans u. Sülzer, Ralf. (Hg.): Gesellschaftliche Kommunikation und Information, 2 Bde. Frankfurt/M. 1973.

Auwärter, Manfred, Kirsch, Edit u. Schröter, Manfred (Hg.): Seminar: Kommunikation, Interaktion, Identität. Frankfurt/M. 1976.

Baacke, Dieter: Kommunikation und Kompetenz. Grundlegung einer Didaktik der Kommunikation und ihrer Medien. München 1973, 2. Aufl. 1980.

– Kübler, Hans-Dieter (Hg.): Qualitative Medienforschung. Konzepte und Erprobungen. Tübingen 1989.

– Medienpädagogik. Grundlagen der Medienkommunikation. Tübingen 1997.

– u. a.: Zielgruppe Kind. Kindliche Lebenswelt und Werbeinszenierungen. Opladen 1999.

Baltes, Martin u. a. (Hg.): Medien verstehen. Der McLuhan-Reader. Mannheim 1997.

Bauer, Raymond A.: Das widerspenstige Publikum. Der Einflußprozeß aus der Sicht sozialer Kommunikation, in: Prokop, Dieter (Hg.) 1973, Bd. 2, a. a. O., 152–166.

Bausch, Hans (Hg.): Rundfunk in Deutschland. 5 Bde. München 1980.

Beck, Ulrich: Risikogesellschaft. Auf dem Weg in eine andere Moderne. Frankfurt/M. 1986.

Becker, Jörg: Vorwort. Die Privatisierung und Kommerzialisierung öffentlichen Wissens. In: Schiller, Herbert I., a. a. O., 1984, 11–34.

Benjamin, Walter: Das Kunstwerk im Zeitalter seiner technischen Reproduzierbarkeit. Frankfurt/M. 1963.

Berg, Klaus u. Kiefer, Marie-Luise (Hg.): Massenkommunikation IV. Eine Langzeitstudie zur Mediennutzung und Medienbewertung 1964–1990. Baden-Baden 1992

– Massenkommunikation V: Eine Langzeitstudie zur Mediennutzung und Medienbewertung 1964–1995. Baden-Baden 1996.

Bessler, Hansjörg: Hörer- und Zuschauerforschung. (Bd. 5 von Hans Bausch (Hg.): Rundfunk in Deutschland) München 1980.

– Mediennutzungsforschung und Wirkungsforschung, in: Deutsche Forschungsmeinschaft (Hg.) a. a. O., 1986, Bd. 1, 117–128.

Beth, Hanno u. Pross, Harry: Einführung in die Kommunikationsforschung. Stuttgart u. a. 1976.

Blumler, Jay G.: Wandel des Mediensystems und sozialer Wandel: Auf dem Weg zu einem Forschungsprogramm. In: Publizistik 42, 1997, H. 1, 16–36.

Bonfadelli, Heinz: Die Wissenskluftforschung, in: Michael Schenk, a. a. O., 1987, 305–323.

– Die Wissenskluft-Perspektive. Massenmedien und gesellschaftliche Information. Konstanz 1994.

– Jugend und Medien. Eine Studie der ARD/ZDF-Medienkommission und der Bertelsmann Stiftung. Frankfurt/M. 1986.

Bosshart, Louis u. Hoffmann-Riem, Wolfgang (Hg.): Medienlust und Mediennutz. Unterhaltung als öffentliche Kommunikation. Konstanz 1994.

Brecht, Bertolt: Der Rundfunk als Kommunikationsapparat. In: Prokop, Dieter (Hg.), a. a. O., 1932; 1972, Bd. 1, 31–35.

Brosius, Hans-Bernd: Agenda-Setting nach einem Vierteljahrhundert Forschung: Methodischer und theoretischer Stillstand. In: Publizistik, 39. Jg., 1994, H. 3, 269–288.

– Alltagsrationalität in der Nachrichtenrezeption. Ein Modell zur Wahrnehmung und Verarbeitung von Nachrichteninhalten. Opladen 1995.

– Multimedia und digitales Fernsehen: Ist eine Neuausrichtung kommunikationswissenschaftlicher Forschung notwendig? In: Publizistik, 42. Jg., 1997, H. 1, 37–45.

– Informationsrezeption – gestern, heute und morgen. In: Klinger, Walter u. a. (Hg.), a. a. O., 1998, 223–236.

Bücher, Karl: Gesammelte Aufsätze zur Zeitungskunde. Tübingen 1926.

Bundesminister für Forschung und Technologie und Bundesminister für das Post- und Fernmeldewesen (Hg.): Technische Kommunikation. Programm 1978–1982. Bonn 1979.

Burdach, Konrad: „Violence Profile" und Kultivierungsanalyse: die Vielseherforschung George Gerbners. In: Schenk, Michael, a. a. O., 1987, 344–368

Burda Medien-Forschung: Der Online-User in Deutschland – Mensch im Netz. Die junge Wachstumsbranche. Eine Spezialauswertung aus der Typologie der Wünsche 97/98. München 1997.

Burkart, Roland: Kommunikationswissenschaft. Grundlagen und Problemfelder. Umrisse einer interdisziplinären Sozialwissenschaft. Wien, 2. Aufl. 1995.

– (Hg.): Wirkungen der Massenkommunikation. Theoretische Ansätze und empirische Ergebnisse. Wien 1987.

– u. Hömberg, Walter: Massenkommunikation und Publizistik. Eine Herausforderung für die kommunikationswissenschaftliche Modellbildung. In: Fünfgeld, Hermann u. Mast, Claudia (Hg.), a. a. O., 1997, 71–88.

– u. Hömberg, Walter (Hg.): Kommunikationstheorien. Ein Textbuch zur Einführung. Wien 1992.

Buß, Michael: Die Vielseher. Frankfurt/M. 1985.

Charlton, Michael u. Neumann, Klaus: Medienkonsum und Lebensbewältigung in der Familie. Methode und Ergebnisse der strukturanalytischen Rezeptionsforschung – mit fünf Falldarstellungen. München 1986.

– u. Schneider, Silvia (Hg.): Rezeptionsforschung. Theorien und Untersuchungen zum Umgang mit Massenmedien. Opladen 1997.

– u. a.: Fernsehwerbung und Kinder. 2 Bde. Opladen 1995.

Cohen, Bernard C.: The Press, the Public and Foreign Policy. Princeton 1963.

Darkow, Michael u. a.: Massenmedien und Ausländer in der Bundesrepublik Deutschland. Frankfurt/M. 1985.

Deutsche Forschungsmeinschaft (DFG) (Hg.): Medienwirkungsforschung in der Bundesrepublik Deutschland. Enquete der Senatskommission für Medienwirkungsforschung unter dem Vorsitz von Winfried Schulz und der Mitarbeit von Jo Groebel, 2 Bde. Weinheim 1986.

Deutscher Bundestag (Hg.): Schlußbericht der Enquete-Kommission „Zukunft der Medien in Wirtschaft und Gesellschaft. Deutschlands Weg in die Informationsgesellschaft". Drucksache 13/11004 vom 22. Juni 1998.

Donsbach, Wolfgang: Selektive Zuwendung zu Medieninhalten. Einflußfaktoren auf die Auswahlentscheidungen der Rezipienten, in: Kaase, Max u. Schulz, Winfried (Hg.), a. a. O., 1989, 392–405.

– Medienwirkung trotz Selektion. Einflußfaktoren auf die Zuwendung zu Zeitungsinhalten. Köln u. a. 1991.

– Mit kleinen Schritten voran. Zum Stand der Medienwirkungsforschung zu Beginn der neunziger Jahre. In: Jarren, Otfried (Hg.), a. a. O., 1995, 52–74.

Drabczynski, Michael: Motivationale Ansätze in der Kommunikationswissenschaft: Theorien, Methoden, Ergebnisse. Berlin 1982.

Dussel, Konrad: Deutsche Rundfunkgeschichte. Eine Einführung. Konstanz 1999.

Eckhardt, Josef u. Horn, Imme: Ältere Menschen und Medien. Eine Studie der ARD/ZDF-Medien-kommission. Frankfur/M. 1988.

Eco, Umberto: Apokalyptiker und Integrierte. Der Verdacht des Kulturzerfalls und die Sprache der Alltagsphantasie. Frankfurt/M. 1986.

Ehlers, Renate: Themenstrukturierung durch Massenmedien. Zum Stand der empirischen Agenda-Setting-Forschung, in: Publizistik, 28. Jg., 1983, H. 2, 167–186.

Enzensberger, Hans Magnus: „Die vollkommene Lehre": Das Nullmedium oder Warum alle Klagen über das Fernsehen gegenstandslos sind. In: Ders.: Mittelmaß und Wahn. Gesammelte Zerstreuungen. Frankfurt/M. 1988, 89–106.

Faßler, Manfred: Was ist Kommunikation? München 1997.

– u. Halbach, Wulf (Hg.) Geschichte der Medien. München 1998.

Faulstich, Werner: Medien und Öffentlichkeiten im Mittelalter 800–1400. Göttingen 1996.

– Das Medium als Kult. Von den Anfängen bis zur Spätantike (8. Jahrhundert). Göttingen 1997.

– Medien zwischen Herrschaft und Revolte. Göttingen 1998.

– (Hg.): Grundwissen Medien. München, 3. Aufl. 1998.

Festinger, Leon: Die Lehre von der „kognitiven Dissonanz", in: Wilbur Schramm (Hg.), a. a. O., 3. Aufl. 1970, 27–38.

Franck, Georg: Ökonomie der Aufmerksamkeit. München 1998

Frank, Bernward: Fernsehforschung als Entscheidungshilfe der Programmplanung und -gestaltung. Standortbestimmung und Ausblick, in: Max Kaase und Winfried Schulz (Hg.) a. a. O., 1989, 270 – 279.

– u. a.: Kultur und Medien. Angebote – Interessen – Verhalten. Eine Studie der ARD/ZDF-Medienkommission. Baden-Baden 1991.

Friedrichsen, Mike u. Vowe, Gerhard (Hg.): Gewaltdarstellungen in den Medien. Theorien, Fakten und Analysen. Opladen 1995.

Fritz, Angela: Die Familie in der Rezeptionssituation. Grundlage zu einem Situationskonzept für die Fernseh- und Familienforschung. München 1984.

Früh, Werner: Realitätsvermittlung durch Massenmedien. Abbild oder Konstruktion? In: Schulz, Winfried (Hg.), a. a. O., 1992, S. 71–90

– (Hg.): Medienwirkungen: Das dynamisch-transaktionale Modell. Theorie und empirische Forschung. Opladen 1991.

– u. Schönbach, Klaus: Der dynamisch-transaktionale Ansatz. Ein neues Paradigma der Medien-wirkungen, in: Publizistik 27, 1982, H 1, 74–88.

Frühwald, Wolfgang u. a.: Geisteswissenschaften heute. Eine Denkschrift. Frankfurt/M. 1991.

Fuchs, Werner: Biographische Forschung. Eine Einführung in Praxis und Methoden. 2. Aufl. Opladen 1998.

Fünfgeld, Hermann u. Mast, Claudia (Hg.): Massenkommunikation. Ergebnisse und Perspektiven. Opladen 1997.

Gerbner, George: Die „angsterregende Welt" des Vielsehers, in: Fernsehen und Bildung, 15. Jg., 1981, H. 1–3, 16–42.

– et al.: Growing up with Television: The Cultivation Perspective. In: Bryant, Jennings et Zillmann, Dolf (Eds): Media Effects. Advances in Theory and Research. Hillsdale, 1994, 17–42.

GfK-Fernsehforschung (Hg.): Fernsehzuschauerforschung in Deutschland. Stand 04/98. Nürnberg 1998.

Giesecke, Michael: Der Buchdruck in der frühen Neuzeit. Eine historische Fallstudie über die Durchsetzung neuer Informations- und Kommunikationstechnologien. Frankfurt/M. 1991.

Gottschlich, Maximiliam: Massenkommunikationsforschung. Theorieentwicklung und Problemper-spektiven. Wien 1987.

Graf, Christine u. Litzenroth, Heinrich: Bringt mehr Werbung mehr Umsatz? Ökonomische Werbewirkungsmessung mit GfK-BehaviorScan. In: Media Perspektiven, 1993, H. 11– 12, 549–555.

Grewe-Partsch, Marianne u. Groebel, Jo (Hg.): Mensch und Medien. Zum Stand von Wissenschaft in nationaler und internationaler Perspektive. Zu Ehren von H. Sturm. München u. a. 1987.

Groebel, Jo mit Gleich, Uli: Gewaltprofil des deutschen Fernsehprogramms. Eine Analyse des Angebots privater und öffentlich-rechtlicher Sender. Opladen 1993

– u. Winterhoff-Spurk, Peter (Hg.): Empirische Medienpsychologie. Frankfurt/M. 1989.

Gumbrecht, Hans Ulrich u. Pfeiffer, K. Ludwig (Hg.): Materialität der Kommunikation. Frankfurt/M. 1988.

Haas, Hannes: Mediensysteme. Struktur und Organisation der Massenmedien in den deutschsprachigen Demokratie. Wien 1987.

Haase, Henning: Die Wirkung des Werbefernsehens auf Kinder und Jugendliche. In: Grewe-Partsch, Marianne u. Groebel, Jo (Hg.), a. a. O., 1987, 152–167.

– Werbewirkungsforschung, in: Groebel, Jo u. Winterhoff-Spurk, Peter (Hg.), a. a. O., 1989, 213–244.

Habermas, Jürgen: Strukturwandel der Öffentlichkeit. Untersuchungen zu einer Kategorie der bürgerlichen Gesellschaft, Neuwied und Berlin 1962; 4. Aufl. 1969 (erw. Aufl. Frankfurt/M. 1990).

– Theorie des kommunikativen Handelns, 2 Bde, Frankfurt/M. 1981.

Hachmeister, Lutz u. Rager, Günter (Hg.): Wer beherrscht die Medien? Die 50 größten Medienkonzerne der Welt. München 1997.

Halff, Gregor: Die Malaise der Medienwirkungsforschung: Transklassische Wirkungen und klassische Forschung. Opladen 1998.

Hasebrink, Uwe: Das Publikum verstreut sich. Zur Entwicklung der Fernsehnutzung. In: Jarren, Otfried (Hg.) 1994, 265–287.

Heller, Eva: Wie Werbung wirkt. Theorien und Tatsachen. Frankfurt/M. 1984.

Hepp, Andreas u. Winter, Rainer (Hg.): Kultur – Medien – Markt. Cultural Studies und Medienanalyse. Opladen 1997.

Hickethier, Knut: Geschichte des Deutschen Fernsehens. Stuttgart, Weimar 1998.

– (Hg.): Institution, Technik und Programm- Rahmenaspekte der Programmgeschichte des Fernsehens. (Bd. 1. Geschichte des Fernsehens in der Bundesrepublik Deutschland, hg. v. Helmut Kreuzer und Christian W. Thomas) München 1993.

Hiebel, Hans H.: Kleine Medienchronik. Von den ersten Schriftzeichen zum Mikrochip. München 1997.

– u. a.: Die Medien. Logik – Leistung – Geschichte. München 1998.

Holly, Werner u. Püschel, Ulrich (Hg.): Medienrezeption als Aneigung. Methoden und Perspektiven qualitativer Medienforschung. Opladen 1993.

Holtz-Bacha, Christa: Das fragmentierte Medien-Publikum. Folgen für das politische System. In: Aus Politik und Zeitgeschichte. Beilage zur Wochenzeitung Das Parlament B 42/97, 1997, 13–21.

Hörisch, Jochen: Einleitung. In: Peter Ludes (Hg.), a. a. O., 1998, 11–32.

Hörmann, Hans: Der Vorgang des Verstehens. In: Kühlwein, W. u. Raasch, A. (Hg.): Sprache und Verstehen. Bd. 1. Tübingen 1980, S. 17–29.

Horkheimer, Max u. Adorno, Theodor W.: Dialektik der Aufklärung. Philosophische Fragmente. Frankfurt/M. 1944; 1969.

Horton, Donald et Wohl, Richard R.: Mass Communication and Para-Social Interaction. Observations on Intimacy at a Distance. In: Psychiatry. Journal for the Study of Impersonal Processes. 1956, Vol. 19, 215–229.

Huntington, Samuel P.: Der Kampf der Kulturen. The Clash of Civilizations. Die Neugestaltung der Weltpolitik im 21. Jahrhundert. München 1996.

Hurrelmann, Bettina, Hammer, Michael u. Stelberg, Klaus: Familienmitglied Fernsehen. Fernsehgebrauch und Probleme der Fernseherziehung in verschiedenen Familienformen. Opladen 1996.

Hurrelmann, Klaus: Das Modell des produktiv realitätsverarbeitenden Subjekts in der Soziali-
    sationsforschung. In: Zeitschrift für Sozialisationsforschung und Erziehungssoziologie, 1983,
    H. 3, 91–103.
– u. Ulich, Dieter (Hg.): Neues Handbuch der Sozialisationsforschung. 4. völlig neubearbeitete
    Auflage. Weinheim und Basel 1991.
Information Resources Inc.: How Advertising Works. Vol. I, II, III. Chicago 1990.
Infratest Medienforschung: Kommunikationsverhalten und Buch. Eine Untersuchung im Auftrag
    der Bertelsmann Stiftung. München 1978.
Jäckel, Michael u. Peter, Joachim: Cultural Studies aus kommunikationswissenschaftlicher
    Perspektive. In: Rundfunk und Fernsehen, 45. Jg., 1997, H. 1, 46–68.
Jarren, Otfried: Forschung zugunsten des Privatfunks? Forschungsförderung und Forschungssteue-
    rung – das Beispiel der Landesmedienanstalten. In: Media Perspektiven 1992, H. 10, 625–640.
– Internet – neue Chancen für die politische Kommunikation? In: Aus: Politik und Zeitgeschich-
    te. Beilage zur Wochenzeitung „Das Parlament" B 40/98, 1998, 13–21.
– (Hg.): Medien und Journalismus. Eine Einführung. 2 Bde. Opladen 1994; 1995.
– (Hg.): Medienwandel – Gesellschaftswandel? 10 Jahre dualer Rundfunk in Deutschland. Eine
    Bilanz. Berlin 1994.
Jochum, Uwe u. Wagner, Gerhard (Hg.): Am Ende – das Buch. Semiotische und soziale Aspekte
    des Internet. Konstanz 1998
Johns, Dirk Max: Wirtschaftsmacht Fernsehen: Märkte und Mythen der Medienindustrie. Frank-
    furt/M. 1998.
Kaase, Max u. Langenbucher, Wolfgang R.: Medienwirkungen auf Gesellschaft und Politik. In:
    Deutsche Forschungsgemeinschaft (Hg.), a. a. O., 1986, 13–28.
– u. Schulz, Winfried: Perspektiven der Kommunikationsforschung, in: Max Kaase u. Winfried
    Schulz (Hg.) a. a. O., 1989, 9–27.
– u. Schulz, Winfried (Hg.): Massenkommunikation. Theorien, Methoden, Befunde, (Sonderheft
    30 der Kölner Zeitschrift für Soziologie und Sozialpsychologie) Opladen 1989.
– u. Neidhardt, Friedhelm u. Pfetsch, Barabara: Politik und Ökonomie der Massenkommunika-
    tion: Forschungsdesiderate unter veränderten Strukturbedingungen des Mediensystems. In:
    Publizistik, 42. Jg., 1997, H. 1, 3–15.
Katz, Elihu et al. (Eds.): The Uses of Mass Communications. Current Perspectives in Gratifi-
    cations Research, Beverly Hill. London 1974.
– u. Foulkes, David.: On The Use of the Mass Media as „Escape". Clarification of a Concept,
    in: Public Opinon Quarterly, Vol. 26, 1962, No. 3, 377–388.
– u. Lazarsfeld, Paul F.: Persönlicher Einfluß und Meinungsbildung. Wien 1962.
Keppler, Angela: Tischgespräche. Über Formen kommunikativer Vergemeinschaftung am Beispiel
    der Konversation in Familien. Frankfurt/M. 1994.
Kiefer, Marie-Luise: Medienkomplementarität und Medienkonkurrenz. Notizen zum weitgehend
    ungeklärten „Wettbewerbsverhältnis" der Medien. In: Kaase, Max u. Schulz, Winfried (Hg.),
    a. a. O., 1989, 337–350.
– Ein Votum für eine publizistikwissenschaftlich orientierte Medienökonomie. In: Publizistik
    42, 1997, H. 1, 54–61.
Klapper, Josepf T.: Die gesellschaftlichen Auswirkungen der Massenkommunikation, in:
    Schramm, Wilbur (Hg.), a. a. O., 3. Aufl. 1970, 85–98.
Kleinsteuber, Hans Jörg: Nationale und internationale Mediensysteme. In: K. Merten u. a. (Hg.),
    a. a. O., 1994, S. 544–569.
– Der „Information Superhighway". Amerikanische Visionen und Erfahrungen Opladen 1996.
Klingler, Walter u. Groebel, Jo: Kinder und Medien 1990. Eine Studie der ARD/ZDF-Medien-
    kommission. Baden-Baden 1994.
– Roters, Gunnar u. Gerhard, Maria (Hg.): Medienrezeption seit 1945. Forschungsbilanz und
    Forschungsperspektiven. Baden-Baden 1998.

Kloepfer, Rolf u. Landbeck, Hanne: Ästhetik der Werbung. Der Fernsehspot in Europa als Symptom neuer Macht. Frankfurt/M. 1991.

Kloock, Daniela u. Spahr, Angela (Hg.): Medientheorien. Eine Einführung. München 1997.

Kreuzer, Helmut: Fernsehforschung und Fernsehkritik. (Beiheft 11 der Zeitschrift für Literaturwissenschaft und Linguistik (LiLi)) Göttingen 1980.

Krotz, Friedrich: Lebensstile, Lebenswelten und Medien: Zur Theorie und Empirie individuenbezogener Forschungsansätze des Mediengebrauchs. In: Rundfunk und Fernsehen, 39. Jg., 1991, H. 3, 317–342.

–   Handlungsrollen und Fernsehnutzung. Umrisse eines theoretischen und empirischen Konzepts. In: Rundfunk und Fernsehen, 40. Jg., 1992a, H. 2, S. 222–246.

–   Kommunikation als Teilhabe. Der „Cultural Studies Approach". In: Rundfunk und Fernsehen 40. Jg., 1992b, H. 3, S. 412–431.

Krüger, Udo-Michael: Gewalt in Informationssendungen und Reality TV. Quantitative und qualitative Unterschiede im öffentlich-rechtlichen und privaten Fernsehen. In: Media Perspektiven 1994, H. 2, S. 72–85.

Kübler, Hans-Dieter: Unterhaltung und Information im Fernsehen. Dargestellt am Beispiel der „Abendschau Baden-Württemberg". Tübingen 1975.

–   Kinder und Fernsehen. Ein Literaturbericht. In: Kreuzer, Helmut (Hg.), a. a. O., 1980, S. 136–204.

–   Fernsehgenres und Nutzenansatz. Überlegungen zu einer (Rezeptions)Pragmatik des Fernsehens. In: Herchen, Hans-Alfred (Hg.): Aspekte der Medienforschung. Reader. Frankfurt/M. 1983, S. 9–34.

–   Kommunikation und Massenkommunikation. Ein Studienbuch. Münster und Hamburg 1994.

–   Mediengewalt: Sozialer Ernstfall oder medienpolitischer Spielball? Ein Dauerthema im Interessenclinch zwischen Politik, Kommerz und Wissenschaft. In: Friedrichsen, Mike u. Vowe, Gerhard (Hrsg.), a. a. O, 1995, 69–108.

–   Medien-Rezeption – eine konstitutive Kategorie und zentrale Forschungsaufgabe für die Medienwissenschaft. In: Medienwissenschaft, 1996, H. 3, 268–285.

–   Medienpolitische Stückwerke. Wie und warum die Enquete-Kommissionen des Bundestags versagten. In: medien + erziehung, 43. Jg., 1999, H. 3, 162–170

–   u.a.: Ältere Menschen und neue Medien. Eine Rezeptionsstudie zum Medienverhalten und zur Medienkompetenz älterer Menschen in Hamburg und Umgebung. Berlin 1991.

–   u. a.: Wenn die Kleinen fernsehen. Die Bedeutung des Fernsehens in der Lebenswelt von Vorschulkindern. Berlin 1998.

Kunczik, Michael: Massenkommunikation. Eine Einführung. Köln, Wien, 2. Aufl., 1979.

–   Gewaltdarstellungen – ein Thema seit der Antike. Zur Geschichte der Auseinandersetzung um Gewalt in den Medien. In: Media Perspektiven, 1993, H. 3, 108–113

–   Gewalt und Medien. 2. überarbeitete und aktualisierte Auflage. Köln 1994. 4. überarbeitete und aktualisierte Auflage Köln 1998.

Lang, Kurt et Lang, Gladys Engel: The Unique Perspective of Television and its Effect: A Pilot Study, in: American Sociological Review, Vol. 18, 1953, 2–12.

–   Spiegel der Gesellschaft. Medien und öffentliche Kommunikation. 26. Studieneinheit des Funkkollegs „Medien und Kommunikation. In: Merten, Klaus u. a. (Hg.), a. a. O., Studienbrief 10, 1991, S. 87–122.

Lasswell, Harold D.: The Structure and Function of Communication in Society, in: Maximiliam Gottschlich (Hg.), a. a. O., 1948; 1987, 17–26.

Lazarsfeld, Paul F., Berelson, Bernard. u. Gaudet, Hazel: The People's Choice. New York 1944; 2. Aufl., 1948 (deutsch: Wahlen und Wähler, Neuwied 1969)

–   u. Merton, Robert K.: Massenkommunikation, Publikumsgeschmack und organisiertes Sozialverhalten. In: Aufermann, Jörg u. a. (Hg.), a. a. O., 1973, Bd. 2, 447–470.

Leonhard, Joachim-Felix (Hg.): Programmgeschichte des Hörfunks in der Weimarer Republik. München 1997.

Lewin, Kurt: Field Theory in Social Science. New York 1943 (deutsch: Bern/Stuttgart 1963)
Lippmann, Walter: Public Opinion. New York 1922 (deutsch: Die öffentliche Meinung, München 1964)
Ludes, Peter: Einführung in die Medienwissenschaft. Entwicklungen und Theorien. Berlin 1998.
Luhmann, Niklas: Soziale Systeme. Grundriß einer allgemeinen Theorie. Frankfurt/M. 1984.
– Die Realität der Massenmedien. 2., erweiterte Auflage Opladen 1996.
Maletzke, Gerhard: Psychologie der Massenkommunikation. Theorie und Systematik, Hamburg 1963.
– Integation – eine gesellschaftliche Aufgabe der Massenkommunikations. In: (1) Publizistik, 25. Jg., H. 2/3, S. 199–206; (2) Hannes Haas (Hg.) a. a. O., 1987, 161–168.
– Medienwirkungsforschung. Grundlagen, Möglichkeiten, Grenzen. Tübingen 1981.
– Aspekte der Medienzukunft. Wertewandel, Nutzungstrends, Veränderungen im Angebot, in: Grewe-Partsch, Marianne u. Groebel, Jo (Hg.), a. a. O., 1987, 239–252.
McCombs, Maxwell E. u. Shaw, Donald L.: The Agenda-Setting Function of Mass Media, in: Public Opinion Quarterly, Vol. 36, 1972, 176–187.
McLuhan, Marshall: Understanding Meda: The Extensions of Man. New York 1964. (deutsch: Die magischen Kanäle. Düsseldorf/Wien 1968)
– u. Fiore, Quentin: The Medium is the Massage. New York 1967. (deutsch. Das Medium ist die Massage. Frankfurt/M. 1934)
McQuail, Denis: Mass Comunication Theory. An Introduction. London (3rd Edition) 1994.
Meckel, Miriam u. Kriener, Markus (Hg.): Internationale Kommunikation. Eine Einführung. Opladen 1996.
Media Perspektiven (Hg.): Basisdaten. Daten zur Mediensituation in Deutschland. Frankfurt/M. 1998
Merten, Klaus: Kommunikation. Eine Begriffs- und Prozeßanalyse. Opladen 1977.
– Artefakte der Medienwirkungsforschung: Kritik klassischer Annahmen. In: Publizistik, 36. Jg., 1991a, H. 1, S. 36–55.
– Allmacht oder Ohnmacht der Medien? Erklärungsmuster der Medienwirkungsforschung. 22. Studieneinheit des Funkkollegs „Medien und Kommunikation", hg. von Klaus Merten u.a., a. a. O., 1991b, 38–73.
– Wirkungen von Medien. In: Ders. u. a. (Hg.), a. a. O., 1994, 291–328.
– Gewalt durch Gewalt im Fernsehen? Opladen 1999.
– Schmidt, Siegfried J. u. Weischenberg, Siegfried (Hg.): Medien und Kommunikation. Konstruktionen von Wirklichkeit. Studienbriefe zum Funkkolleg. Hg. v. Deutschen Institut für Fernstudien an der Universität Tübingen. Einführungsbrief und 12 Hefte. Weinheim und Basel 1990f.
– Schmidt, Siegfried J. u. Weischenberg, Siegfried (Hg.): Die Wirklichkeit der Medien. Eine Einführung in die Kommunikationswissenschaft. Opladen 1994.
Münker, Stefan u. Roesler, Alexander (Hg.): Mythos Internet. Frankfurt/M 1997.
– (Hg.): Televisionen. Frankfurt/M. 1999.
Neidhardt, Friedhelm (Hg.): Öffentlichkeit, öffentliche Meinung, soziale Bewegungen. (Sonderheft 34 der KZSS) Opladen 1994.
Neumann-Bechstein, Wolfgang: Was wir über Hörer und Zuschauer wissen. In: ARD/ZDF (Hg.), a. a. O., 1997, 231–281.
Noelle-Neumann, Elisabeth: Return to the Concept of Powerful Mass Media, in: Studies of Broadcasting, Vol. 9, 1973a, 67–112.
– Kumulation, Konsonanz und Öffentlichkeitseffekt. Ein neuer Ansatz zur Analyse der Wirkung der Massenmedien, in: Publizistik, 18. Jg. 1973b, H. 1, 26–55.
– Die Schweigespirale. Öffentliche Meinung – unsere soziale Haut. München 1980 (Neuauflage 1991).
– Die Theorie der Schweigespirale als Instrument der Medienwirkungsforschung, in: Max Kaase u. Winfried Schulz (Hg.), a. a. O, 1989, 418–440.

- Die Verteidigung des Lesens. Kann man einen langfristigen Trend mit Sozialforschung wieder umdrehen? In: Werner Klingler u. a (Hg.), a. a. O., 1998, 12–24.
- u. Schulz, Rüdiger: Junge Leser für die Zeitung. Bericht über eine vierstufige Untersuchung. Bonn 1993.
- Schulz, Winfried u. Wilke, Jürgen (Hg.): Fischer-Lexikon Publizistik Massenkommunikation. Frankfurt/M. 1989; 1994.

Oevermann, Ulrich u. a.: Beobachtungen zur Struktur der sozialisatorischen Interaktion. Theoretische und methodologische Fragen der Sozialisationsforschung. In: Auwärter, Manfred u.a. (Hg.), a. a. O., 1976, 371–403.

Onlinemedien. In: Media Perspektiven 1998, 10.

Postman, Neil: Das Verschwinden der Kindheit. Frankfurt/M. 1983.
- Wir amüsieren uns zu Tode. Urteilsbildung im Zeitalter der Unterhaltungsindustrie. Frankfurt/M. 1985.

Presse- und Informationsamt der Bundesregierung (Hg.): Kommunikationspolitische und kommunikationswissenschaftliche Forschungsprojekte der Bundesregierung 1985–1994. Eine Übersicht über wichtige Ergebnisse. Bonn 1996.
- Bericht der Bundesregierung über die Lage der Medien in der Bundesrepublik Deutschland 1998 (Medienbericht '98). Drucksache 13/10650 des Deutschen Bundestages, 13. Wahlperiode, vom 18. Mai 1998. Bonn 1998.

Prokop, Dieter: Medien-Macht und Massen-Wirkung. Ein geschichtlicher Überblick. Freiburg im Breisgau 1995.
- (Hg.): Massenkommunikationforschung, 3 Bde, Frankfurt/M 1972; 1973; 1977.

Pross, Harry: Medienforschung. Darmstadt 1972.
- Der Kommunikationsprozeß. In: Hanno Beth u. Harry Pross (Hg.) a. a. O., 1976, 70–123.

Pürer, Heinz u. Raabe, Johannes: Presse. (Medien in Deutschland, Bd. 1). Konstanz. 2.überarb. Auflage 1996.

Rager, Günter u. Hachmeister, Lutz (Hg.): Wer beherrscht die Medien? Die 50 größten Medienkonzerne der Welt. München 1997.

Renckstorf, Karsten: Neue Perspektiven in der Massenkommunikationsforschung. Beiträge zur Begründung eines alternativen Forschungsansatzes. Berlin 1977.
- Menschen und Medien in der postindustriellen Gesellschaft. Neuere Beiträge zur Begründung eines alternativen Forschungsansatzes. Berlin 1984.
- Mediennutzung als soziales Handeln. Zur Entwicklung einer handlungstheoretischen Perspektive der empirischen (Massen)Kommunikationsforschung, in: Kaase, Max u. Schulz, Winfried (Hg.), a. a. O., 1989, 314–336.

Riepl, Wolfgang: Das Nachrichtenwesen des Altertums. Mit besonderer Rücksicht auf die Römer. Berlin 1913.

Robinson, Gertrude J.: Fünfundzwanzig Jahre Gatekeeper-Forschung. Eine kritische Rückschau und Bewertung. In: Aufermann, Jörg u. a. (Hg.), a. a. O., Bd. 2, 1973, 344–355.

Röper, Horst: Konzentration im Zeitschriftenmarkt leicht rückläufig. Daten zur Konzentration der Publikumszeitschriften in Deutschland im 1. Quartal 1998. In: Media Perspektiven, 1998, H7, 337–351.

Rötzer, Florian (Hg.): Cyberspace. Zum medialen Gesamtkunstwerk. Heimberg bei Wien 1997.
- (Hg.) Digitaler Schein. Ästhetik der elektronischen Medien. Frankfurt/M. 1991.

Rust, Holger: Theorie der Werbung. In: Burkhart, Roland u. Hömberg, Walter (Hg.), a. a. O., 1992, 153–170.

Saxer, Ulrich: Medienverhalten und Wissensstand. Zur Hypothese der wachsenden Wissenskluft, in: Buch und Lesen, Bertelsmann Texte 7, Gütersloh, 1978, 35–70.
- u. a.: Kommunikationsverhalten und Medien. Lesen in der modernen Gesellschaft. Eine Studie der Bertelsmann Stiftung. Gütersloh 1989.

Schell, Fred, Stolzenburg, Elke und Theunert, Helga (Hg.): Medienkompetenz. Grundlagen und pädagogisches Handeln. München 1999.

Schenk, Michael: Publikums- und Wirkungsforschung. Theoretische Ansätze und empirische Befunde der Massenkommunikationsforschung. Tübingen 1978.

– Medienwirkungsforschung. 2 Bde. Tübingen 1987.

– Massenkommunikation und interpersonale Kommunikation, in: Kaase, Max Kaase u. Schulz, Winfried (Hg.), a. a. O., 1989, 406–417.

– Kommunikationstheorien. In: Noelle-Neumann, Elisabeth u. a. (Hg.) a. a. O., 1994, 171–187.

– Massenkommunikation und ihre Wirkungen. In: Fünfgeld, Hermann u. Mast, Claudia (Hg.), a. a. O., 1997, 155–168.

Schiller, Herbert I.: Die Verteilung des Wissens. Information im Zeitalter der großen Konzerne. Frankfurt/M. u. New York 1984.

Schmidt, Siegfried J.: Medien, Kommunikation und das 18. Kamel. In: Merten, Klaus u. a. (Hg.), a. a. O., Einführungsbrief, 1990, 33–37.

Scholl, Armin u. Weischenberg, Siegfried: Journalismus in der Gesellschaft. Theorie, Methodologie und Empirie. Opladen 1998.

Schönbach, Klaus: „The Issues of the Sixties". Elektronische Inhaltsanalyse und die langfristige Beobachtung von Agenda-Setting Wirkungen der Massenmedien, in: Publizistik 27. Jg., 1982, H. 1, 129–139.

– Transaktionale Modelle der Medienwirkung: Stand der Forschung. In: Schulz, Winfried (Hg.), a. a. O., 1992, 109–120.

– u. Früh, Werner: Der dynamisch-transaktionale Ansatz II: Konsequenzen, in: Rundfunk und Fernsehen, 32. Jg., 1984, H. 4, 314–329.

Schorb, Bernd, Mohn, Erich u. Theunert, Helga: Sozialisation durch (Massen-)Medien. In: Hurrelmann, Klaus u. Ulich, Dieter (Hg.), a. a. O., 1991, 493–510.

Schramm, Wilbur (Hg.): Grundfragen der Kommunikationsforschung. München, 3. Aufl., 1970.

– Lyle, Jack et Parker, Edwin B. Television in the Lives of our Children. Stanford 1961.

Schreiber, Erhard: Repetitorium Kommunikationswissenschaft. München 3. Aufl. 1990.

Schrott, Peter u. Schulz, Kirsten: Methoden und Ergebnisse der angewandten empirischen Kommunikationsforschung. In: Otfried Jarren (Hg.), a. a. O., 1995, 172–198.

Schulz, Rüdiger: Mediaforschung. In: Noelle-Neumann, Elisabeth u. a. (Hg.): Fischer Lexikon Publizistik Massenkommunikation. Frankfurt/M. 1994, 187–218.

Schulz, Winfried: Ausblick am Ende des Holzweges. Eine Übersicht über die Ansätze der neuen Wirkungsforschung, in: Publizistik, 27. Jg., 1982, H. 1–2, 49–73.

– Massenmedien und Realität. Die „ptolemäische" und die „kopernikanische" Auffassung, in: Kaase, Max u. Schulz, Winfried (Hg.), a. a. O., 1989, 135 – 149.

– Neue Medien – Chancen und Risiken. Tendenzen der Medienentwicklung und ihre Folgen. In: Aus Politik und Zeitgeschichte. Beilage zur Wochenzeitung Das Parlament B 42/97, 1997a, 3–12.

– Probleme der Medienexpansion als Forschungsthema: Umwertung der Nachrichtenwerte, Fragmentierung der Nutzung und Wirklichkeitsverlust. In: Publizistik, 42. Jg., 1997b, H. 1, 83–89.

– Politische Kommunikation. Theoretische Ansätze und Ergebnisse empirischer Forschung. Opladen 1997c.

– (Hg.): Medienwirkungen. Einflüsse von Presse, Radio und Fernsehen auf Individuum und Gesellschaft. Weinheim 1992.

– u. Schönbach, Klaus (Hg.): Massenmedien und Wahlen. Mass Media and Elections: International Research Perspectives. München 1983.

Schütte, Georg: Informationsspezialisten der Mediengesellschaft. Die Produktion und Präsentation von Fernsehnachrichtensendungen in den USA, der Bundesrepublik Deutschland und der DDR. Wiesbaden 1994.

Schütz, Alfred u. Luckmann, Thomas: Strukturen der Lebenswelt. 2 Bde. Frankfurt/M. 1979;
   1984.

Shannon, Claude E. u. Weaver, Warren: Mathematische Grundlagen der Informationstheorie.
   München 1949; 1976.

Sontheimer, Kurt (1997): Die Vorreiterin der deutschen Demoskopie. Elisabeth Noelle-Neumanns
   Allensbacher Institut wird fünfzig. Oder: Wie manipulierbar ist die Meinungsforschung. In:
   DIE ZEIT, Nr. 40, 26. Sept. 1999, 6.

Straßner, Erich: Zeitung. (Grundlagen der Medienkommunikation, Bd. 2) Tübingen, 2. Aufl. 1999.

–   Zeitschrift. (Grundlagen der Medienkommunikation, Bd. 1) Tübingen 1997.

Stuiber, Heinz Werner: Rundfunk. Medien in Deutschland, Bd. 2. Konstanz 1998.

Teichert, Will: ,Fernsehen' als soziales Handeln (I). Zur Situation der Rezipientenforschung:
   Ansätze und Kritik. In: Rundfunk und Fernsehen, 20. Jg., 1972, H. 4, 421–439.

–   ,Fernsehen' als soziales Handeln (II): Entwürfe und Modelle zur dialogischen Kommunikation
   zwischen Publikum und Massenmedien. In: Rundfunk und Fernsehen, 21. Jg., 1973, H. 4,
   356–382.

Theunert, Helga: Gewalt in den Medien – Gewalt in der Realität. 2. durchgesehene, mit einem
   Vorwort aktualsierte Aufl. München 1996.

Tichenor, Phillip J. et al.: Mass Media Flow and Differential Growth in Knowledge, in: Public
   Opinion Quarterley, Vol. 34, 1970, 159–170.

Toscani, Oliviero: Die Werbung ist ein lächelndes Aas. Frankfurt/M. 1997.

Uekermann, Heinz R. u. Weiss, Hans Jürgen: Agenda-Setting: Zurück zum medienzentrierten
   Wirkungskonzept? In: Saxer, Ulrich (Hg.), a. a. O., 1983, 69–79.

Watzlawick, Paul, Beavon, Janet H., Jackson, Don D.: Menschliche Kommunikation. Formen.
   Störungen, Paradoxien. Bern u. a. 1971. 2. Aufl.

Weber, Max: Wirtschaft und Gesellschaft. Grundriß der verstehenden Soziologie. Fünfte, evidierte
   Auflage, besorgt von Johannes Winckelmann. Studienausgabe. Tübingen, 5. Aufl. 1972.

Weischenberg, Siegfried: Journalistik. Medienkommunikation: Theorie und Praxis. 2 Bde. Opladen
   1992; 1995.

–   Altmeppen, Klaus-Dieter u. Löffelholz, Martin: Die Zukunft des Journalismus. Technologische, ökonomische und redaktionelle Trends. Opladen 1994.

Weiss, Hans-Jürgen: Auf dem Weg zu einer kontinuierlichen Fernsehprogrammforschung der
   Landesmedienanstalten. Eine Evaluations- und Machbarkeitsstudie. Berlin 1998.

White, David W.: The Gatekeeper: A Case Study in the Selection of News. In: Journalism
   Quarterly, Vol. 27, 1950, No. 4, 383–390.

Wilke, Jürgen: Multimedia. Strukturwandel durch neue Kommunikationstechnologien. In: Aus
   Politik und Zeitgeschichte. Beilage zur Wochenzeitung Das Parlament B 32/96, 1996, 3–15.

Winter, Rainer: Der produktive Zuschauer. Medienaneignung als kultureller und ästhetischer
   Prozeß. München 1995.

Wirth, Werner: Von der Information zum Wissen. Die Rolle der Rezeption für die Entstehung von
   Wissensunterschieden. Ein Beitrag zur Wissenskluftforschung. Opladen 1997.